INHALT

W W J D

Intro

Wär das cool oder was?

Stell dir vor, du machst morgens die Haustür auf, weil du zur Schule gehen willst, und da steht – Jesus. Du weißt, dass es Jesus ist, weil ... na ja, du weißt es eben. Ist doch klar, dass du Jesus erkennst, wenn du ihn siehst. Und zwar nicht irgendwann und irgendwo, sondern bei dir vor der Haustür. Und er will mit dir zur Schule gehen. Ist doch cool, oder?

Er sieht auch nicht irgendwie abgefahren aus. Oder so wie früher auf den Bildern in der Kinderbibel. Trotzdem ist es schon ein bisschen merkwürdig, ihn vor deiner Haustür zu sehen. Die Frage, die du dir jetzt beantworten musst, lautet: Willst du ihn einfach links liegen lassen, oder gehst du mit ihm zusammen zur Schule?

Wenn du ihn mitnimmst, was bedeutet das dann für dich? Wie könnte eine Unterhaltung mit deinen Freunden vor der ersten Schulstunde aussehen?

»He, Leute, was gibt's Neues? ... Hmm? Ach, der Typ hier? Der ist cool. Er heißt Jesus ... ja, echt ... nein, nicht wie der Typ aus der Bibel, das ist der Typ! Das ist der echte Je... He, wo rennt ihr denn hin?«

Na gut, vielleicht findest du es doch nicht so toll, mit Jesus in der Schule aufzukreuzen. Ehrlich gesagt könnte Jesus dir den ganzen Tag so richtig vermasseln. Stell dir mal vor – Jesus und du im Unterricht, auf dem Schulhof, im Umkleideraum beim Sport – das wäre was! Was würden wohl deine Lehrer sagen? Jesus könnte alles ganz schön durcheinander bringen.

Und nach der Schule –

Jesus zusammen mit dir und deiner Freundin?

Hilfe! Eine Katastrophe für dein Liebesleben. Mit Jesus neben euch im dunklen Kino sind die Möglichkeiten nicht gerade üppig.

Oder Jesus bei dir zu Hause – wie wäre das? Du könntest nicht mehr mit deinen Eltern streiten. Mensch, du müsstest deine Schwester anständig behandeln. Und wahrscheinlich könntest du die Stereoanlage nicht so laut aufdrehen wie sonst. Oder du müsstest sie sogar abschalten. Welche Musik würde Jesus wohl hören wollen? O Mann, was ist, wenn er Schlager mag?

Wirklich: Wenn Jesus den ganzen Tag mit dir zusammen ist, könnte das eine ziemlich große Veränderung für dein Leben bedeuten.

Kannst du dir vorstellen, ständig darüber nachdenken zu müssen, was Jesus gerade tun würde? Es gibt wahrscheinlich kaum etwas, mit dem du dich schneller unbeliebt machen könntest.

Jesus dauernd bei dir zu haben, könnte dich regelrecht aufmischen – aber anders, als du es dir jetzt vorstellst. Vielleicht klingt es verrückt, aber **es könnte doch sein, dass du dich von Jesus aufmischen lassen solltest.**

Stell dir das einfach wie ein Leben voller verrückter, geheimnisvoller Abenteuer mit großen Risiken und echten Überraschungen vor. Mit Jesus zusammen zu sein könnte sogar Spaß machen – Spaß, der aus einer tiefen, inneren

Freude und dem Wissen herrührt, dass du und Jesus Kumpel, gute Freunde seid. Stell dir das mal bildlich vor, wie phantastisch das wäre, wenn Jesus vor dir stehen, dich angrinsen und sagen würde: »Ich weiß, du versuchst das zu tun, was ich auch tun würde. Manchmal haust du daneben, aber ich finde dich trotzdem cool, weil du es immer wieder versuchst. Sogar meine Jünger damals haben nicht kapiert, was ich tat und was ich wollte.«

Okay, vielleicht siehst du Jesus jetzt nicht vor deiner Haustür stehen. Aber was wäre, wenn er dort stehen würde? Was ist, wenn er tatsächlich da steht? Vielleicht kannst du ihn nicht mit den Augen sehen, aber was wäre, wenn die Bibel wirklich Recht hat und er bei uns ist? Hier und jetzt? Du kannst ihn zwar nicht anfassen, aber vielleicht kannst du ihn in deiner Vorstellung sehen. Du kannst ihn in deinem Herzen spüren, wenn du dich jeden Tag, immer und immer wieder fragst: »Was würde Jesus tun?« Was wäre, wenn dir Jesus durch diese einfache Frage im Bewusstsein bleiben würde? Und wenn er damit Zugang zu allen Bereichen deines Lebens hätte?

Hmmm.

Was würde passieren, wenn du dir einen Monat lang jeden Tag dieselbe Frage stellen würdest: »Was würde Jesus tun?«

Vielleicht merkst du dann plötzlich, **dass du tatsächlich versuchst zu leben,** wie Jesus es an deiner Stelle täte. Und wenn du das versuchst, sagt vielleicht jemand zu dir: »He, sag mal, bist du Jesus?« Na gut, das würde wahrscheinlich nicht passieren. Oder doch?

Dich könnte doch keiner für Jesus halten. Oder?

Na, macht dich das jetzt fertig? Bist du bereit, das Risiko einzugehen? Bereit, einen Monat deines Lebens aufs

Spiel zu setzen? Bereit, die nächsten dreißig Tage von Jesus aufmischen zu lassen? Bereit, ein Abenteuer mit Jesus zu beginnen? Bereit, dich und deine Freunde völlig umzuhauen, weil Jesus überall dabei ist? Bereit, die besten dreißig Tage deines Lebens zu erleben?

Dann schnall dich an, **setz deinen Sturzhelm auf,** halt dich gut fest – und dann lass das Abenteuer beginnen:

30 Tage »What would Jesus do?« – Fragen, was Jesus will.

30 Tage Abenteuer mit Jesus – mitten im Alltag.

Während der nächsten dreißig Tage stellst du dir immer wieder die Frage: Was würde Jesus tun? Und zwar in jeder Lage deines Lebens. Das Besondere dabei ist aber: Außer dir weiß das keiner!

Du gehst dabei von den Dingen aus, die du über Jesus weißt und die du während der nächsten dreißig Tage noch über ihn erfahren wirst. Dann versuchst du das zu tun, was du meinst, das er tun würde.

Aber bevor du anfängst, sind hier noch ein paar Fragen, die du dir vielleicht auch schon gestellt hast:

Wie kann ich wissen, was Jesus tun würde?

Das kann niemand genau sagen. Ist aber nicht schlimm. Nicht einmal die Menschen, die mit ihm zusammen gelebt haben, konnten es. Denk nur mal an die Jünger! Sie versuchten, kleine Kinder von ihm fern zu halten. Sie sagten ihm, er solle nicht sterben. Sie wurden sauer, als jemand teures Öl für ihn »verschwendete«. In all diesen Fällen dachte und handelte Jesus aber völlig anders. Man kann sie also nicht gerade als Kenner in Jesuskunde bezeichnen.

Eins müssen wir ganz klar sehen: Niemand kann mit Sicherheit sagen, was Jesus in bestimmten Situationen tun würde. Aber wenn wir im Neuen Testament über ihn lesen, finden wir doch ein paar Anhaltspunkte.

◆ *Jesus tat immer das Unerwartete.*

Jesus berührte die Lepra-Kranken, vor denen alle anderen Reißaus nahmen. Er war immer mit Leuten zusammen, von denen er sich eigentlich hätte fern halten sollen – Betrüger, Kinder, Prostituierte, Samariter (die Ausländer von damals!). Er legte kein fromm korrektes Benehmen an den Tag – im Gegenteil, die religiösen Führer waren ständig sauer auf ihn. Auch politisch verhielt er sich nie angepasst.

Überhaupt war er keiner, der anderen nach dem Munde redete. Die Leute seiner Zeit sagten, gewinnen sei das Wichtigste. Er erwiderte, wer gewinnen wolle, müsse verlieren. »Lebe, solange du kannst!«, riefen sie. Aber er lachte und sagte: »Wer leben will, muss bereit sein zu sterben.«

Fast immer, wenn Jesus sprach, war die Reaktion seiner Zuhörer ein ratloses »Hä?«

Wenn du dir die Frage stellst: »Was würde Jesus tun?«, dann halte dir seine überraschenden Antworten vor Augen. Jesus dachte anders als alle anderen Menschen. Lass deine Gedanken nicht von anderen einschränken – das hat Jesus nämlich auch nicht getan.

◆ *Egal, was Jesus tat – er verärgerte immer jemanden.*

Die Frage, was Jesus tun würde, könnte für deine Bekanntschaften, Freundschaften und die Beziehung zu deinen Eltern gefährlich sein. Jesus sagte seinen Jüngern: »Wenn ihr mir nachfolgt, kann euch das eine Menge kosten.« Wenn du Jesus nachfolgen willst, erwarte nicht, dass dich alle total klasse finden und deine Freunde sein wollen. Jesus hatte zwar gute Freunde, aber auch sehr viele Feinde. Wenn du versuchst das zu tun, was Jesus tun würde, wirst du merken, wer wirklich deine Freunde sind. Vielleicht gewinnst du sogar ein paar neue. Natürlich werden auch ein paar neue Feinde dazukommen. Aber das macht ja gerade das Abenteuer aus.

◆ *Wenn Jesus etwas tat, kostete es etwas.*

Es ist nicht leicht das zu tun, was Jesus tun würde. Jesus und seine Jünger hatten keine Wohnung und nur das Nötigste, das sie brauchten. Schließlich stand sogar ihr Leben auf dem Spiel. Sie gaben ihre Familien auf, ihren Beruf, ihre Sicherheit. Viele hielten die Jünger von Jesus – d.h. die

Menschen, die tun wollten, was Jesus tat – für verrückt, betrunken oder auch beides. Es kostet etwas, Jesus nachzufolgen. Wenn du tust, was er tun würde, fragst du dich irgendwann vielleicht, ob es das alles wert ist, Jesus nachzufolgen. Aber vertrau uns – und ihm! –, es ist die Sache wert.

◆ *Wenn Jesus etwas tat, veränderten sich die Menschen.*

Die Frau, die beim Ehebruch erwischt worden war, der blinde Bartimäus, die Frau mit der Bluterkrankheit, das kleine Mädchen, das im Sterben lag – Jesus veränderte das Leben von Menschen, wo er auch hinkam. Wenn du versuchst, das zu tun, was Jesus tun würde, ist eines sicher: Menschen verändern sich, und sie verändern sich zum Guten. Das heißt aber nicht, dass diese Veränderungen direkt vor deinen Augen geschehen müssen. Manchmal musst du einfach darauf vertrauen, dass es geschieht. Vertrau der Wahrheit. Vertrau Jesus. Ob du nun ein Ergebnis siehst oder nicht – ein Mensch, der Jesus nachfolgt, verändert immer das Leben anderer.

◆ *Jesus verbrachte viel Zeit mit Nichtstun – und tat dabei eine ganze Menge.*

Dieser Punkt ist sehr wichtig. Was Jesus tat, war immer die Folge dessen, wie er war. Sein Tun stand in direktem Zusammenhang mit seinem Sein. Ständig floh er vor den Menschenmengen, um mit seinem Vater zusammen zu sein. Jesus wusste, dass Stille wichtiger ist als Aktivität.

Während deines 30-Tage-Experiments wirst du feststellen, dass eine Antwort auf die Frage »Was würde Jesus tun?« lautet: Nichts. Jesus verbrachte Zeit allein, wartend, in der Stille, im Gebet, zusammen mit seinem Vater. Glaub nicht, dieses WWJD-Abenteuer bedeutet, ständig etwas zu tun! Vielmehr ruft Jesus dich dazu auf, jemand zu sein – bevor du etwas tust.

◆ *Jesus hat versagt – oder zumindest sah es so aus.*

Heute, nach 2000 Jahren, wissen wir, dass Jesus nicht versagt hat. Aber damals sah es ganz anders aus. Natürlich dauerte es nicht lange, bis auch einige seiner Jünger das Gegenteil herausfanden. Ja, die meisten gingen für Jesus in den Tod, und sie schienen sogar noch glücklich dabei zu sein. Worum geht es also? Ganz einfach: Tu, was Jesus getan hat, und dein Leben wird reich, aufregend und – gefährlich. Tu, was Jesus tat, und du wirst vielleicht entdecken, dass die Welt – einschließlich deiner Freunde und Familie – dich für einen Versager hält. Aber Jesus wird sich freuen, weil er das alles kennt und selbst erlebt hat. Jesus nachzufolgen heißt nicht, erfolgreich zu sein, sondern treu zu sein. Jesus nachzufolgen könnte Leid, Schmerz und sogar den Tod bedeuten. Doch du wirst feststellen, dass Jesus sogar in unserem Leid und in unserem Schmerz bei uns ist. Jesus hat uns nicht versprochen, dass wir die großen Gewinner sein werden – stattdessen sagte er, dass es nicht wichtig sei zu gewinnen. Denn im Reich Gottes gewinnen sogar die Verlierer.

Soll ich anderen sagen, was ich vorhabe?

Nein. Dieses 30-Tage-Experiment geht nur dich und Jesus etwas an. Es ist ein kleines Geheimnis, das etwas mit deiner Beziehung zu Jesus zu tun hat, aber nicht mit anderen Menschen.

Oft hat Jesus zu seinen Jüngern gesagt: »Redet mit niemandem über mich. Sagt niemandem etwas von dem, was ihr gesehen habt.« Warum hat er das wohl gesagt? Geheimnisse für sich behalten zu können, ist etwas Wichtiges. Lass dieses Abenteuer ein Geheimnis zwischen dir und Jesus sein.

Aber was ist, wenn noch ein paar Freunde von mir dasselbe tun?

Super! Aber behaltet es für euch. Keine öffentlichen Treffen auf dem Schulgelände. Keine Gebetsgruppen in Gegenwart anderer. Trefft euch einfach privat und betet füreinander. Denkt daran, dass es etwas zwischen euch und Jesus ist. Natürlich könnt ihr das WWJD-Bändchen während der Aktion tragen und auch Fragen beantworten, was die Buchstaben darauf zu bedeuten haben, solange ihr den anderen nicht das Gefühl gebt, Versuchskaninchen oder so was Ähnliches zu sein. Es geht nicht darum, aus Jesus ein Geheimnis zu machen, sondern nur aus eurem 30-Tage-Abenteuer. Trefft euch untereinander, tauscht eure Erfahrungen und Tagebucheintragungen aus und denkt daran: Es soll ein tägliches Erlebnis nur zwischen euch und Jesus ein.

Was ist mein Ziel – alle meine Freunde zu Christen zu machen?

Natürlich ist das ein Ziel, aber davor liegen noch viele andere Ziele. Unser nächstes Ziel ist es, darauf zu achten, wo Jesus in unserem Leben tatsächlich bestimmt, wo es langgeht. Dabei hoffen wir, dass die Menschen um uns herum etwas von ihm erkennen können. Wenn Menschen mit Jesus in Kontakt kommen, sind sie entweder fasziniert oder sie wollen sich so schnell wie möglich aus dem Staub machen. Doch bis es tatsächlich zu einer ersten Reaktion kommt, kann viel Zeit vergehen – vielleicht drei Jahre, vielleicht auch zehn. Aber das ist nicht so wichtig: Sie haben ihren Weg mit Jesus begonnen, weil sie ihn in deinem Leben gesehen haben.

Irgendwie scheint es unecht und gekünstelt, immer zu beten: »Was würde Jesus tun?« Soll ich vielleicht so tun, als wäre ich ein Heiliger?

Zu tun, als sei man vollkommen, ist total verkehrt. Jesus war viel mit solchen angeblich vollkommenen Menschen zusammen, aber er hielt nicht viel von ihnen (lies mal Matthäus 25). Versuch bloß nicht, wie ein Jesus im Kinofilm aufzutreten. Sei einfach du selbst. Tu, was du sonst auch tust, behalte dabei nur die Frage »Was würde Jesus tun?« im Hinterkopf – und in deinem Herzen. Und dann beobachte einfach, was passiert. Wahrscheinlich wirst du genauso überrascht sein wie die anderen. Es kann sein, dass du dich in der Pause plötzlich neben dem größten Hänger deiner Klasse wiederfindest – und zwar nicht, weil du aus Pflichtgefühl zu ihm (oder ihr) gegangen bist, sondern weil du ihn oder sie wirklich magst! Täusch nichts vor, versuch nicht »Punkte« zu sammeln! Lass dich einfach von Jesus überraschen!

Auf geht's!

Wie fängt mein 30-Tage-Experiment an?

Schreib auf, welche Erwartungen du an die nächsten dreißig Tage hast. Denk dabei an deine Beziehung zu Jesus, an die zu deinen Eltern und deinen Freunden, denk an die Schule, deine Arbeit und an deine Gemeinde. Was würdest du dir wünschen?

In den nächsten dreißig Tagen erwarte ich

– ***in meiner Beziehung zu Jesus:***

- das sie gefestigt wird
- ich Jesus besser kennenlerne
- ihn (auch im Alltag) erlebe
- dass ich täglich Bibellese

– *in meiner Beziehung zu meinen Eltern:*

- dass sie besser wird
- wir uns besser verstehen
- ich lerne gehorsam zu sein
- ich mich beherrsche wenn Streit ausbricht

– *in meiner Beziehung zu meinen Freunden:*

- dass sie merken, sie sind mir wichtig
- dass sie Jesus (durch mich) erkennen

– *für meine Schule:*

– *für meine Arbeit:*

- ***für meine Gemeinde und meine Jugendgruppe:***

- ***in anderen wichtigen Bereichen meines Lebens:***

• dass ich ~~[illegible]~~ darauf achte, immer ehrlich zu sein
• dass ich lerne, meine Mitmenschen so zu lieben wie Gott sie liebt

1. Tag

Problem: Eltern

So ziemlich jeden Tag hab ich Ärger mit meinen Eltern. Ständig streiten wir. Wenn es nicht mein Zimmer ist, sind es die Hausaufgaben, meine Musik, meine Klamotten, meine Freunde oder was ich sonst so tue. Vielleicht gibt es auch ein paar gute Momente, aber nicht sehr viele. Das kapier ich einfach nicht! Ich behaupte ja nicht, dass es nur ihre Schuld ist. Ich dachte nur, mit Jesus würde alles besser werden. Wenn so ein Streit anfängt, versuche ich immer, mich zu bremsen, aber das haut einfach nicht hin. Dann sag ich Sachen, die mir hinterher Leid tun. Und meine Eltern müssen ständig an mir rummeckern. Nie hör ich mal was Gutes über mich. Klar, ich rede auch nicht gerade viel mit ihnen. Aber ich weiß auch nicht, wie man das ändern könnte.

◆ ***Was würde Jesus tun?***

Jesus und seine Eltern *Lukas 2,41-52*

Jahr für Jahr gingen Joseph und Maria zum Passahfest nach Jerusalem. Als Jesus zwölf Jahre alt war, nahmen sie ihn zum ersten Mal mit.

Nach den Festtagen machten sich die Eltern wieder auf den Heimweg. Doch ohne dass sie es bemerkten, blieb Jesus in Jerusalem. Am ersten Tag ihrer Rückreise vermissten sie ihn nicht, weil sie dachten: Er wird mit Verwandten oder Freunden gegangen sein. Als sie ihn aber dort nicht fanden, kehrten sie besorgt um und suchten ihn überall in Jerusalem.

Endlich, nach drei Tagen, entdeckten sie Jesus im Tempel. Er saß bei den Schriftgelehrten, hörte ihnen aufmerksam zu und stellte Fragen.

Alle wunderten sich über sein Wissen und seine Antworten.

Die Eltern waren fassungslos, als sie ihn dort fanden. »Kind«, fragte ihn Maria, »wie konntest du uns nur so etwas antun? Wir haben dich überall verzweifelt gesucht!«

»Warum habt ihr mich gesucht?«, erwiderte Jesus. »Ihr hättet doch wissen müssen, dass ich dort sein muss, wo es um Gottes Sache geht.«

Doch sie begriffen nicht, was er damit meinte.

Dann kehrten sie gemeinsam nach Nazareth zurück, und Jesus war seinen Eltern gehorsam. Seine Mutter aber vergaß nichts von dem, was sie erlebt hatte.

So wuchs Jesus heran. Sein Wissen und sein Verständnis nahmen zu. Die Menschen liebten ihn und erkannten: Gott hat etwas Besonderes mit ihm vor.

◆ *Was hat Jesus getan?*

In Vers 51 steht, dass Jesus mit seinen Eltern nach Hause ging und ihnen gehorchte, nachdem er sie erst drei Tage im Ungewissen darüber gelassen hatte, wo er sich aufhielt. Sie waren sehr aufgebracht über ihn. Was denkst du über die

Antwort, die Jesus seinen Eltern gegeben hat? Würdest du deinen Eltern auf jeden Fall gehorchen oder unter gar keinen Umständen – wie sieht es bei dir aus?

Tipp des Tages

Überleg dir, ob es jemanden in deiner Umgebung gibt, dem es wirklich schlecht zu gehen scheint. Es ist egal, ob du diesen Menschen gut kennst oder nicht. Bete für ihn. Wenn du das Gefühl hast, du könntest irgendwas für ihn tun, dann tu es.

Wie war es heute? Bitte schreib deine Erfahrungen hier auf!

- ***Hast du heute häufig an Jesus gedacht? Wenn ja, wann? Wenn nein, warum nicht?***

- ***Ist dir heute etwas an dir selbst aufgefallen?***

- ***Was willst du Jesus nach dem heutigen Tag sagen? Herr Jesus, ...***

- ***Was würde Jesus nach dem heutigen Tag zu dir sagen wollen? Liebe/r ...,***

2. Tag

Benny und die Schlägertypen

Benny erkannte die zwei Typen sofort wieder, die auf dem Gang in der Schule standen. Am Tag zuvor hatte er sie beobachtet, wie sie am Fahrradständer der Schule die Schlösser von zwei Mountainbikes aufgebrochen und die Fahrräder geklaut hatten. Offensichtlich hatten sie ihn auch gesehen. Wie sie dort auf ihn warteten, sahen sie aus wie zwei wild gewordene Gorillas.

Na toll, dachte Benny. Jetzt machen sie Hackfleisch aus mir.

Die beiden Typen ließen keinen Zweifel daran, dass Benny die Folgen nicht gefallen würden, falls er sie verriet. Die Entscheidung war nicht besonders schwierig: Benny hielt den Mund.

◆ ***Was würde Jesus tun?***

Jesus und die wilden Tiere *Markus 1,12-13; Matthäus 4,2-11*

Gleich darauf führte der Geist Gottes Jesus in die Wüste. Vierzig Tage war er dort den Versuchungen des Teufels ausgesetzt. Er lebte mit wilden Tieren zusammen, und die Engel Gottes dienten ihm.

Vierzig Tage und Nächte lang aß er nichts. Der Hunger quälte ihn. Da kam der Teufel zu ihm und forderte ihn heraus: »Wenn du Gottes Sohn bist, dann mach aus diesen Steinen Brot!«

Jesus antwortete: »Nein, denn es steht in der Heiligen Schrift: ›Der Mensch lebt nicht allein von Brot, sondern von allem, was der Herr ihm zusagt!‹«

Da nahm ihn der Teufel mit nach Jerusalem und stellte ihn an den Rand der Tempelmauer. »Spring hinunter!«, forderte er Jesus auf. »Du bist doch Gottes Sohn! Und es steht geschrieben: ›Gott wird seine Engel schicken. Sie werden dich auf Händen tragen, und du wirst dich nicht einmal an einem Stein verletzen!‹«

Jesus entgegnete ihm: »Es steht aber auch geschrieben: ›Du sollst Gott, deinen Herrn, nicht herausfordern!‹«

Nun führte ihn der Teufel auf einen hohen Berg und zeigte ihm alle Reiche der Welt und ihre Herrlichkeit. »Das alles gebe ich dir, wenn du vor mir niederkniest und mich anbetest«, sagte er.

Aber Jesus wies ihn ab: »Weg mit dir, Satan, denn es steht geschrieben: ›Bete allein Gott, deinen Herrn, an und gehorche ihm!‹«

Da gab der Teufel auf und verließ ihn. Und die Engel Gottes kamen und sorgten für Jesus.

◆ *Was hat Jesus getan?*

Jesus widerstand der Versuchung, die Macht, Popularität und Reichtum für ihn darstellten. Kannst du dir eine Situation in deinem Leben vorstellen, in der du diesen Versuchungen widerstehen solltest?

Tipp des Tages

Gibt es jemanden an deiner Schule, der sich immer über den christlichen Glauben lustig macht oder ihn kritisiert? Versuch heute jedes Mal, wenn die Schulglocke läutet, für diesen Menschen zu beten.

Wie war es heute? Bitte schreib deine Erfahrungen hier auf!

- ***Hast du heute häufig an Jesus gedacht? Wenn ja, wann? Wenn nein, warum nicht?***

- ***Ist dir heute etwas an dir selbst aufgefallen?***

- ***Was willst du Jesus nach dem heutigen Tag sagen? Herr Jesus, ...***

- ***Was würde Jesus nach dem heutigen Tag zu dir sagen wollen? Liebe/r ...,***

W W J D

3. Tag

Claudia und das Milchgesicht

So lange Claudia zurückdenken konnte, hatte Harald ihr Leid getan, weil er ständig als Zielscheibe für andere diente. Das fing schon in der zweiten Klasse an, als sie ihn zum ersten Mal sah. Trotzdem war er immer ihr guter Kumpel gewesen und gehörte einfach zu ihrem Leben. Claudia war dann zu einem attraktiven Teenager herangewachsen, und obwohl sie viele Verehrer hatte, hatte ihre Freundschaft mit Harald nie in Frage gestanden. Bis jetzt. Jetzt schien Harald plötzlich misstrauisch und eifersüchtig zu sein. Ja, vor zwei Tagen hatte er am Telefon sogar angedeutet, dass er mit Claudia gehen wollte.

Claudia war entsetzt. Mit Harald gehen? Niemals! Harald als Kumpel: gut – Harald als Freund: unmöglich. Harald war alles andere als gut aussehend – und außerdem war er auch noch dick. Auf der anderen Seite, dachte Claudia, brauchte gerade er gute Freunde. Was jetzt? Nein sagen? Dann war ihre Freundschaft futsch. Ja sagen? Dann war ihre Freundschaft auch futsch.

◆ ***Was würde Jesus tun?***

Jesus und der Außenseiter *Markus 1,40-45*

Einmal kam ein Leprakranker zu Jesus. Er fiel vor ihm nieder und bat: »Wenn du willst, kannst du mich heilen.«

Jesus hatte Mitleid mit dem Mann. Deshalb legte er segnend die Hand auf ihn: »Ich will es tun! Sei gesund!«

Von diesem Augenblick an war der Aussatz verschwunden und der Mann geheilt. »Sprich mit niemandem über deine Heilung«, schärfte ihm Jesus ein, »sondern gehe direkt zum Priester, und lass dich von ihm untersuchen. Bring das Opfer für deine Heilung, wie es Mose vorgeschrieben hat. Jeder soll merken, dass Gott dich geheilt hat.«

Aber der Mann erzählte überall, wie er geheilt worden war, so dass Jesus nicht länger in der Stadt bleiben konnte. Er musste sich in eine einsame Gegend zurückziehen. Aber auch dorthin kamen von überall die Leute zu ihm.

◆ *Was hat Jesus getan?*

Jesus hat dem Lepra-Kranken befohlen, niemandem etwas von der Geschichte zu erzählen. Der Kranke tat es trotzdem. Wärst du der Aussätzige gewesen, was hättest du getan? Und warum?

Tipp des Tages

Überleg mal, ob es an deiner Schule einen »Aussätzigen« gibt, jemanden, mit dem niemand zu tun haben will. Lass dir etwas einfallen, wie du dieser Person was Gutes tun kannst, ohne dass du dich zu erkennen gibst.

Wie war es heute? Bitte schreib deine Erfahrungen hier auf!

- ***Hast du heute häufig an Jesus gedacht? Wenn ja, wann? Wenn nein, warum nicht?***

- ***Ist dir heute etwas an dir selbst aufgefallen?***

- ***Was willst du Jesus nach dem heutigen Tag sagen? Herr Jesus, ...***

- ***Was würde Jesus nach dem heutigen Tag zu dir sagen wollen? Liebe/r ...,***

W W J D

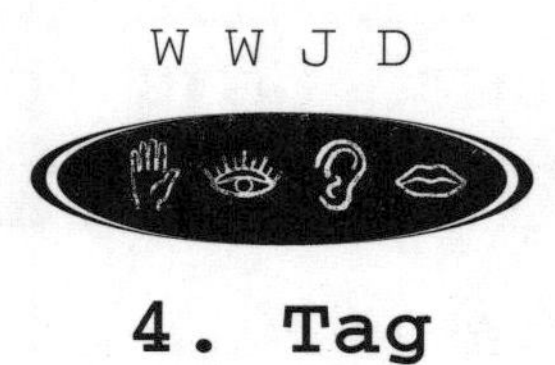

4. Tag

Angst in der Schule

Ich hab heute überhaupt keine Lust in die Schule zu gehen. Die Spannungen zwischen Ausländern und Deutschen sind dort so stark, dass man sie förmlich spüren kann. Wer weiß, wie viele Schüler ein Messer oder eine andere Waffe dabeihaben. Fast jeden Tag gibt es irgendwelche Kämpfe und ständig liegt Hass in der Luft. Gewalt passiert nicht irgendwann und irgendwo, sondern hier, in der Schule. Das ganze Klima ist aggressiv, auch zwischen Schülern und Lehrern. Ich hab keine Ahnung, wie man das ändern könnte. Ich weiß nur eins: Ich hab dauernd Angst. Was soll ich bloß machen?

◆ ***Was würde Jesus tun?***

Angst zu Hause *Lukas 4,14-30*

Mit der Kraft des Heiligen Geistes erfüllt, kehrte Jesus nach Galiläa zurück. Schon bald sprach man überall von ihm. Er predigte in den Synagogen so überzeugend, dass alle mit größter Hochachtung von ihm redeten.

Eines Tages kam Jesus wieder in seine Heimatstadt

Nazareth. Am Sabbat ging er wie gewohnt in die Synagoge. Als er aufstand, um aus der Heiligen Schrift vorzulesen, reichte man ihm das Buch des Propheten Jesaja.

Jesus las: »Mit mir ist der Geist des Herrn, weil er mich berufen hat. Er hat mich beauftragt, den Armen die frohe Botschaft zu bringen. Den Gefangenen soll ich die Freiheit verkünden, den Blinden sagen, dass sie sehen werden, und den Unterdrückten, dass sie bald von jeder Gewalt befreit sein sollen. Jetzt erlässt Gott alle Schuld.«

Jesus schloss das Buch, gab es zurück und setzte sich. Alle warteten gespannt darauf, was er dazu sagen würde. Er begann: »Heute hat sich diese Voraussage des Propheten erfüllt.«

Während er sprach, konnte ihm die ganze Gemeinde nur zustimmen. Sie staunten alle über seine eindrückliche Rede und meinten: »Man kann es kaum glauben, dass er der Sohn des Zimmermanns ist!«

Jesus redete weiter: »Sicher werdet ihr mir das Sprichwort vorhalten: ›Arzt, hilf dir selbst! In Kapernaum hast du große Wunder getan. Zeig auch hier, was du kannst!‹ Aber ihr wisst doch: Keinem Propheten glaubt man in seiner Heimatstadt. Denkt an Elia! Damals gab es genug Witwen in Israel, die Hilfe brauchten; denn es hatte dreieinhalb Jahre nicht geregnet, und alle Menschen im Land hungerten. Aber nicht zu ihnen wurde Elia geschickt, sondern zu einer heidnischen Witwe in Zarpath bei Sidon. Oder erinnert euch an den Propheten Elisa! Es gab unzählige Aussätzige in Israel, aber von ihnen wurde keiner geheilt. Naeman, der heidnische Syrer, war der Einzige.«

Das war den Zuhörern zu viel. Wütend sprangen sie auf und schleppten Jesus bis zu dem Steilabhang des Berges, auf dem ihre Stadt gebaut war. Dort wollten sie ihn hinunterstoßen.

Doch Jesus ging ruhig durch die aufgebrachte Volksmenge weg, ohne dass es jemand gewagt hätte, ihn auch nur anzufassen.

◆ *Was hat Jesus getan?*

Du sagst etwas über Jesus und plötzlich sagt derjenige, mit dem du redest: »Du hältst dich wohl für was Besseres, oder? Ich wusste gar nicht, dass du ein Heiliger bist!« Was würdest du tun?

Tipp des Tages

Wovor hast du in der Schule am meisten Angst? Überleg dir ein paar Möglichkeiten, wie du deine Angst überwinden kannst. Probier heute eine oder mehrere deiner Ideen aus.

Wie war es heute? Bitte schreib deine Erfahrungen hier auf!

◆ *Hast du heute häufig an Jesus gedacht? Wenn ja, wann? Wenn nein, warum nicht?*

- ***Ist dir heute etwas an dir selbst aufgefallen?***

- ***Was willst du Jesus nach dem heutigen Tag sagen? Herr Jesus, ...***

- ***Was würde Jesus nach dem heutigen Tag zu dir sagen wollen? Liebe/r ...,***

W W J D

5. Tag

Ich weiß nicht, wohin

Zu Hause geht es Michaela schlecht, und es wird jeden Tag schlimmer. Sie hasst ihren Stiefvater. Das heißt, eigentlich fürchtet sie sich vor ihm. Schon mehr als einmal hat er sie angetatscht und sexuell belästigt. Doch Michaela hat Angst, jemandem etwas davon zu sagen. Ihre Mutter würde ihr sicher nicht glauben – nach der Scheidung von Michaelas Vater will ihre Mutter unbedingt, dass die neue Ehe funktioniert. Sie bekommt ja nicht einmal mit, dass Michaela ihrem Stiefvater aus dem Weg geht.

Manchmal fragt sie sich, ob sie nicht auch Schuld an der Situation hat. Schießlich hatte sie ja am Anfang gar nichts dagegen gehabt, dass ihr Stiefvater sie in den Arm genommen hatte. Sie hatte sich immer eine herzliche Beziehung zu ihrem leiblichen Vater gewünscht, aber der war immer sehr distanziert gewesen. Michaela hat noch mit niemandem über ihre Situation und die Annäherungsversuche gesprochen, nicht einmal mit ihrem Freund. Sie weiß nicht, was sie tun soll.

◆ ***Was würde Jesus tun?***

Der sichere Ort *Johannes 6,60-69*

Aber damit hatte er viele von denen verärgert, die ihm bisher gefolgt waren. »Das ist ja unerhört!«, meinten sie. »Nein, das ist zu viel!«

Jesus sah ihre Entrüstung und fragte sie deshalb: »Nehmt ihr schon daran Anstoß? Was werdet ihr erst sagen, wenn ihr seht, wie der Menschensohn dahin zurückkehrt, woher er gekommen ist? Gottes Geist allein schafft Leben. Ihr selber könnt es nicht. Die Worte aber, die ich euch gesagt habe, sind aus Gottes Geist; deshalb bringen sie euch das Leben. Aber einige von euch glauben mir trotzdem nicht.«

Jesus wusste nämlich von Anfang an, wer nicht an ihn glaubte, und kannte auch den, der ihn später verraten würde. »Deshalb«, so erklärte er weiter, »habe ich euch gesagt: Keiner kann zu mir kommen, wenn ihn nicht der Vater zu mir führt!«

Nach dieser Rede wandten sich viele von Jesus ab und gingen nicht mehr mit ihm. Da fragte Jesus auch seine zwölf Jünger: »Wollt ihr auch weggehen und mich verlassen?«

»Herr, zu wem sollen wir denn gehen?«, antwortete Simon Petrus. »Nur deine Worte bringen ewiges Leben. Wir glauben und haben erkannt, dass du Christus, der Sohn Gottes, bist.«

◆ *Was hat Petrus gesagt?*

Wenn Jesus dir diese Frage stellen würde, was würdest du antworten?

Tipp des Tages

Sag dir selbst immer wieder diesen Satz vor: »Herr, zu wem soll ich gehen, außer zu dir?«

Wie war es heute? Bitte schreib deine Erfahrungen hier auf!

- ***Hast du heute häufig an Jesus gedacht? Wenn ja, wann? Wenn nein, warum nicht?***

- ***Ist dir heute etwas an dir selbst aufgefallen?***

- ***Was willst du Jesus nach dem heutigen Tag sagen? Herr Jesus, ...***

- ***Was würde Jesus nach dem heutigen Tag zu dir sagen wollen? Liebe/r ...,***

6. Tag

Von wegen Freunde!

Kati hatte immer dazugehört. Seit der fünften Klasse sind sie und drei andere Mädchen die dicksten Freundinnen gewesen, und jetzt gehen sie zusammen in die elfte Klasse. Sie kommen aus derselben Gemeinde, haben dieselbe Jugendgruppe besucht und sind auf dieselben Partys gegangen. Sie haben immer zusammengehalten und sich gegenseitig geholfen, wenn eine von ihnen in der Klemme saß.

Doch im letzten Sommer ist etwas anders geworden. Kati war den größten Teil der Ferien unterwegs, zuerst mit einer Jugendgruppe und dann noch auf einer Familienfreizeit. Als sie zurückkam, konnte sie nicht glauben, dass ihre Freundinnen immer noch dieselben Mädchen waren. Alle drei hatten jetzt nur noch Partys im Kopf – Trinken, Rauchen und Spaß mit Jungs. Zuerst versuchte Kati mitzumachen, aber das konnte sie irgendwie nicht. Sie spürte, dass sie irgendetwas tun musste. Ihre Freundinnen hatten ihr klipp und klar gesagt, dass sie ihnen zu langweilig geworden sei. Sie wollten ihren Spaß haben, und wenn Kati nicht mitmachen wollte – gut. Doch die Konsequenz war auch klar: Entweder ließ Kati die Sache mit Gott sausen oder sie würde keine Freundin mehr haben.

Natürlich ist Kati sehr niedergeschlagen. Wie soll sie in der Schule ohne ihre besten Freundinnen zurechtkommen?

◆ *Was würde Jesus tun?*

Trotzdem Freunde? Matthäus 26,33-35; 69-75

Da erklärte Petrus: »Wenn auch alle anderen an dir zweifeln, ich halte zu dir!« Doch Jesus erwiderte ihm: »Ich sage dir: Ehe heute Nacht der Hahn kräht, wirst du dreimal behaupten, dass du mich nicht kennst.«

»Selbst wenn ich sterben müsste, würde ich das nicht tun!«, beteuerte Petrus. Und die anderen Jünger sagten alle das Gleiche.

Petrus war immer noch im Hof. Da trat ein junges Mädchen auf ihn zu und sagte: »Du warst doch auch bei Jesus, diesem Galiläer!« Aber Petrus bestritt das laut: »Ich weiß nicht, was du willst.« Als er danach in den Vorhof hinausging, bemerkte ihn ein anderes Mädchen und sagte zu den Umherstehenden: »Der da gehört auch zu diesem Jesus von Nazareth!«

Doch Petrus behauptete wieder, diesmal sogar mit einem Schwur: »Ich kenne den Mann gar nicht!«

Kurze Zeit später kamen einige von den Leuten, die im Hof standen, und sagten zu Petrus: »Natürlich! Du gehörst auch zu seinen Freunden! Dein Dialekt verrät dich.« Da fing Petrus an zu fluchen und zu schwören: »Ich habe diesen Menschen nie gesehen!«

In diesem Augenblick krähte ein Hahn, und Petrus fielen die Worte ein, die Jesus gesagt hatte: »Ehe der Hahn kräht, wirst du mich dreimal verleugnen.« Da ging Petrus hinaus und weinte voller Verzweiflung.

◆ ***Was hat Jesus getan?***

Petrus behauptete, Jesus nie verleugnen zu können und doch tat er es. Wieso schätzte sich Petrus deiner Meinung nach so falsch ein? Siehst du für dich selbst eine Warnung in dieser Geschichte?

Tipp des Tages

Gibt es jemanden, der dich schon einmal verraten hat? Wenn du diesem Menschen noch nicht vergeben hast, schreib seinen Namen auf ein Blatt Papier, das du oft in die Hand nimmst. Bete jedes Mal für diesen Menschen, wenn du den Namen liest.

Wie war es heute? Bitte schreib deine Erfahrungen hier auf!

◆ ***Hast du heute häufig an Jesus gedacht? Wenn ja, wann? Wenn nein, warum nicht?***

◆ ***Ist dir heute etwas an dir selbst aufgefallen?***

- ***Was willst du Jesus nach dem heutigen Tag sagen? Herr Jesus, ...***

- ***Was würde Jesus nach dem heutigen Tag zu dir sagen wollen? Liebe/r ...,***

WWJD

7. Tag

Wenn alles ziemlich finster aussieht

Die Woche hat schon schlecht angefangen und ist inzwischen eine einzige Katastrophe. Am Montag hat Papa seinen Job verloren. Mutter kann sich seit zwei Monaten kaum noch bewegen, weil sie starke Rückenschmerzen hat. Mit meinem Bruder Daniel stimmt auch irgendetwas nicht, aber die Ärzte können nicht sagen, was. Sie sagen nur immer, dass es wahrscheinlich nicht Krebs ist. Ich hab versucht, meiner Mutter, so gut es geht, die Hausarbeit abzunehmen und Daniel ein bisschen aufzubauen. Darum sind auch meine Noten im Moment im Keller. Dabei gebe ich mir wirklich Mühe, aber ich bin einfach am Ende. Wo zum Kuckuck steckt bloß Jesus? Ich hab wie verrückt gebetet, dass Papa seinen Job nicht verliert. Hat ja unheimlich viel geholfen.

◆ ***Was würde Jesus tun?***

Auch für ihn sah es finster aus

Matthäus 26,36-46

Dann ging Jesus mit ihnen in einen Garten, der Gethsemane hieß. »Setzt euch hier hin und wartet auf mich!«, forderte er die Jünger auf. »Ich will ein Stück weitergehen und beten.«

Petrus, Jakobus und Johannes nahm er mit. Tiefe Mutlosigkeit und Angst überfielen Jesus, und er sagte zu ihnen: »Ich zerbreche beinahe unter der Last, die ich zu tragen habe. Bleibt bei mir und lasst mich nicht allein.« Nachdem er einige Schritte weitergegangen war, warf er sich auf die Erde und betete: »Mein Vater, wenn es möglich ist, so bewahre mich vor diesem Leiden! Aber nicht mein Wille soll geschehen, sondern dein Wille.«

Danach ging er zu den drei Jüngern zurück und sah, dass sie eingeschlafen waren. Er rüttelte Petrus wach und rief: »Könnt ihr denn nicht eine einzige Stunde mit mir wachen? Bleibt wach und betet, damit ihr die kommenden Tage überstehen könnt. Ich weiß, ihr wollt das Beste, aber aus eigener Kraft könnt ihr es nicht erreichen.«

Noch einmal ließ er sie allein, um zu beten: »Mein Vater, auch wenn mir dieses Leiden nicht erspart bleiben kann, bin ich bereit, deinen Willen zu erfüllen!« Als er zurückkam, sah er, dass seine Jünger wieder schliefen.

Er kehrte um und betete zum dritten Mal mit den gleichen Worten. Dann kam er zu seinen Jüngern zurück und sagte: »Hört auf zu schlafen, ruht euch ein andermal aus! Jetzt wird der Menschensohn den Menschen ausgeliefert. Steht auf, lasst uns gehen! Der Verräter ist schon da.«

◆ *Was hat Jesus getan?*

Anscheinend hat Jesus gehofft, durch Beten dem Kreuz entgehen zu können. Er konnte es nicht. Was sagt dir diese Geschichte über das Gebet, besonders, wenn du die Aussage von Jesus in Vers 42 liest: »Mein Vater, wenn es möglich ist, so bewahre mich vor diesem Leiden! Aber nicht mein Wille soll geschehen, sondern dein Wille.«?

Tipp des Tages

Überrasch deine Eltern heute Morgen, indem du dein Zimmer aufräumst oder in eurer Wohnung etwas Ordnung machst, bevor du aus dem Haus gehst.

Wie war es heute? Bitte schreib deine Erfahrungen hier auf!

- ***Hast du heute häufig an Jesus gedacht? Wenn ja, wann? Wenn nein, warum nicht?***

- ***Ist dir heute etwas an dir selbst aufgefallen?***

- ***Was willst du Jesus nach dem heutigen Tag sagen? Herr Jesus, ...***

- ***Was würde Jesus nach dem heutigen Tag zu dir sagen wollen? Liebe/r ...,***

W W J D

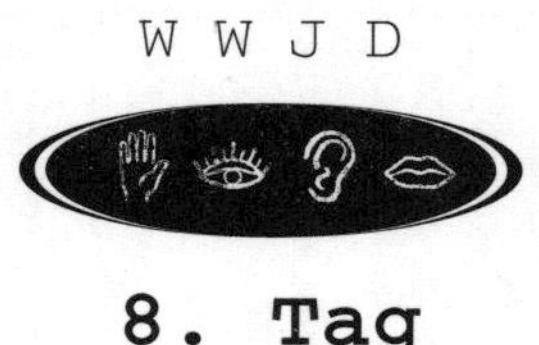

8. Tag

Nur eine Kleinigkeit

Anne erzählt wieder einmal einen versauten Witz. Immer, wenn die Mädchen zusammenkommen, hat sie einen auf Lager. Jessi kann sich nicht vorstellen, wo sie diese Witze immer hört ... aber sie sind wirklich ziemlich lustig. Der Leiter von Jessis Jugendgruppe hat gesagt, man solle sich schmutzige Witze nicht anhören. Kann ja sein, aber das ist gar nicht so leicht. Jeder erzählt sie. Was soll man denn tun – sich die Ohren zuhalten? Jessi denkt: Solange ich die Witze nicht weitererzähle, tut es doch keinem weh. Ihrer Meinung nach kann man schmutzigen Witzen nur aus dem Weg gehen, wenn man ein Einsiedler wird.

◆ ***Was würde Jesus in Jessis Lage tun?***

Keine Kleinigkeit *Johannes 2,13-22*

Kurz vor dem Passahfest reiste Jesus nach Jerusalem. Dort sah er im Tempel viele Händler, die Ochsen, Schafe und Tauben als Opfertiere verkauften. Auch Geldwechsler saßen hinter ihren Tischen. Voller Zorn knüpfte Jesus aus Stricken eine Peitsche und jagte die Händler mit all ihren

Schafen und Ochsen aus dem Tempel. Er schleuderte das Geld der Wechsler auf den Boden und warf ihre Tische um. Den Taubenhändlern befahl er: »Schafft das alles hinaus! Das Haus meines Vaters ist doch kein Krämerladen!« Seine Jünger aber mussten an das Prophetenwort denken: »Der Eifer für dein Haus wird mir den Tod bringen!«

Die Führer der Juden stellten Jesus daraufhin zur Rede: »Woher nimmst du dir das Recht, die Leute hinauszuwerfen? Wenn du dich dabei auf Gott berufst, dann musst du uns einen eindeutigen Beweis geben!« Jesus antwortete ihnen: »Diesen Beweis sollt ihr haben. Zerstört diesen Tempel! In drei Tagen werde ich ihn wieder aufbauen.« »Was?«, riefen sie. »In sechsundvierzig Jahren ist dieser Tempel erbaut worden, und du willst das in drei Tagen schaffen?«

Mit dem Tempel aber meinte Jesus seinen Leib, der geopfert werden sollte. Als er von den Toten auferstanden war, erinnerten sich seine Jünger an diese Worte. Sie erkannten, dass alles wahr ist, was in der Heiligen Schrift steht, und sie glaubten, was Jesus ihnen gesagt hatte.

◆ *Was hat Jesus getan?*

Jesus war wütend, dass genau die Menschen, die Gott Ehre bringen sollten, seine Ehre herabsetzten. Anders ausgedrückt sollten Menschen, die den Namen Christi in den Mund nehmen, darauf achten, wie sie Christus mit ihrem Leben darstellen. Was sollten Christen tun, wenn sie hören, dass der Name von Jesus Christus entehrt wird?

Tipp des Tages

Schreib deinem Bruder, deiner Schwester oder deinem besten Freund einen Brief und sage ihm/ihr, wie sehr du ihn/sie als Mensch schätzt.

Wie war es heute? Bitte schreib deine Erfahrungen hier auf!

- ***Hast du heute häufig an Jesus gedacht? Wenn ja, wann? Wenn nein, warum nicht?***

- ***Ist dir heute etwas an dir selbst aufgefallen?***

- ***Was willst du Jesus nach dem heutigen Tag sagen? Herr Jesus, ...***

- ***Was würde Jesus nach dem heutigen Tag zu dir sagen wollen? Liebe/r ...,***

9. Tag

Frauen verachtend

»Hallo, Steffi. Dein Pulli sieht echt gut aus ... hmm, ich meine, du siehst gut aus ... also, beides sieht gut aus.«

Tom und seine drei Kumpel sehen sich an und brechen in hysterisches Gelächter aus. Steffi findet Tom total süß, aber seine ständigen Anspielungen machen sie langsam, aber sicher wütend. Doch sie will es sich nicht mit ihm verderben. Jedes Mal, wenn sie ihn bittet, mit den Gemeinheiten aufzuhören, sagt er, es sei doch bloß Spaß. Letztes Mal hat sie ihm gesagt, dass sie seine Kommentare überhaupt nicht spaßig findet.

Tom hat nur gegrinst. »Na so was«, hat er gesagt. »Du bist wohl ‘ne Emanze, was?«

Steffi weiß nicht, was sie jetzt tun soll.

◆ ***Was würde Jesus wohl zu Tom sagen?***

Eine verachtete Frau wird geachtet

Johannes 8,1-11

Jesus verließ die Stadt und ging zum Ölberg. Aber schon am nächsten Morgen war er wieder im Tempel. Viele Menschen drängten sich um ihn. Er setzte sich und begann, sie zu unterrichten.

Da schleppten die Schriftgelehrten und Pharisäer eine Frau heran, die beim Ehebruch ertappt worden war, stießen sie in die Mitte, damit jeder sie sehen konnte, und sagten zu Jesus: »Diese Frau wurde beim Ehebruch überrascht. Wenn wir das Gesetz des Mose befolgen wollen, müssen wir sie steinigen. Was meinst du dazu?«

Das war eine Fangfrage. Sie suchten nämlich nach einem Anlass, um Jesus anklagen zu können. Aber Jesus schien gar nicht auf ihre Frage zu achten; er bückte sich und schrieb mit seinem Finger auf die Erde. Als sie hartnäckig nach einer Erklärung verlangten, richtete er sich auf und sagte: »Nun, dann steinigt sie! Aber den ersten Stein soll der werfen, der selbst noch nie gesündigt hat!« Dann bückte er sich wieder und schrieb weiter auf die Erde. Als Erstes gingen die Ankläger. Dann schlichen sich auch alle Übrigen stillschweigend davon – einer nach dem andern. Schließlich war Jesus mit der Frau allein.

Da stand er auf und fragte sie: »Wo sind jetzt deine Ankläger? Hat dich denn keiner verurteilt?«

»Nein, Herr«, antwortete sie. »Dann will ich dich auch nicht verurteilen«, entgegnete ihr Jesus. »Geh, aber sündige nicht noch einmal!«

◆ *Was hat Jesus getan?*

Mit wem kannst du dich in dieser Geschichte am meisten identifizieren? Warum?

Tipp des Tages

Halte heute in der Schule nach jemaFndem Ausschau, der

allein ist. Versuch, mit diesem Menschen ins Gespräch zu kommen, vielleicht in der Pause. Versuch aber nicht, den anderen sofort zu »missionieren«, sondern lass ihn einfach reden und hör zu.

Wie war es heute? Bitte schreib deine Erfahrungen hier auf!

- ***Hast du heute häufig an Jesus gedacht? Wenn ja, wann? Wenn nein, warum nicht?***

- ***Ist dir heute etwas an dir selbst aufgefallen?***

- ***Was willst du Jesus nach dem heutigen Tag sagen? Herr Jesus, ...***

- ***Was würde Jesus nach dem heutigen Tag zu dir sagen wollen? Liebe/r ...,***

10. Tag

Auf verlorenem Posten

Stefan macht sich wieder einmal über Mark lustig. Das ist nichts Neues, er tut das schon seit der sechsten Klasse. Mark geht in die elfte Klasse und nimmt in seiner Freizeit Ballettstunden und Jazztanz-Unterricht. Stefan behauptet, jeder Mann in Gymnastikhosen sei schwul. Um ehrlich zu sein, weiß Mark selbst nicht so richtig, was er ist. Er hat kein Interesse an Mädchen, fühlt sich zu Jungs aber genauso wenig hingezogen. Doch seinen Glauben an Jesus Christus nimmt er ernst. Er hat versucht, nett zu Stefan zu sein, aber der versteht diese Sprache offensichtlich nicht.

Mark hat sich noch nie in eine Schlägerei verwickeln lassen, aber irgendwann ist jedes Maß mal voll. Stefan ist für ihn nur ein kleiner Wicht, mit dem er sich eigentlich nicht schlagen will.

Aber diesmal kann Mark ihm nicht aus dem Weg gehen. Stefan hat sich vor ihm aufgebaut und versperrt ihm den Weg. »Wenn du willst, dass ich hier weggehe, Tunte«, sagt er, »musst du mich dazu zwingen.«

◆ ***Was würde Jesus an Stefans Stelle tun?***

Gar nicht machtlos *Matthäus 26,47-56*

Noch während Jesus sprach, kam Judas, einer seiner Jünger, zusammen mit vielen Männern, die von den Hohen Priestern und den Führern des Volkes geschickt und mit Schwertern und Knüppeln bewaffnet worden waren. Judas hatte mit ihnen vereinbart: »Der Mann, den ich küssen werde, der ist es. Ihn müsst ihr festnehmen!«

Judas ging auf Jesus zu und sagte: »Sei gegrüßt, Meister!« Dann küsste er ihn. Jesus sah ihn an: »Mein Freund! Was tust du?« Sofort packten ihn die Soldaten und nahmen ihn fest.

Aber einer der Jünger zog sein Schwert und schlug einem Soldaten des Hohen Priesters das Ohr ab.

Doch Jesus befahl ihm: »Stecke dein Schwert weg! Wer Gewalt anwendet, wird durch Gewalt umkommen. Ist dir denn nicht klar, dass ich meinen Vater um eine ganze Armee Engel bitten könnte, um uns zu schützen? Er würde sie mir sofort schicken. Wie sollte sich aber dann das erfüllen, was in der Heiligen Schrift vorausgesagt ist? Es muss alles so geschehen!«

Danach wandte sich Jesus an die Soldaten: »Bin ich denn ein Schwerverbrecher, dass ihr mit Schwertern und Knüppeln gekommen seid, um mich zu verhaften? Jeden Tag habe ich öffentlich im Tempel gepredigt, und ihr habt nichts gegen mich unternommen! Aber auch dies geschieht, damit sich die Vorhersagen der Propheten erfüllen.«

Entsetzt verließen ihn alle Jünger und flohen

Was hat Jesus getan?

Jesus hat Judas »Freund« genannt. Was bedeutet es, ein Freund von Jesus zu sein?

Tipp des Tages

Mach deinen Freunden heute eine heimliche Freude mit einem kleinen Geschenk.

Wie war es heute? Bitte schreib deine Erfahrungen hier auf!

- ***Hast du heute häufig an Jesus gedacht? Wenn ja, wann? Wenn nein, warum nicht?***

- ***Ist dir heute etwas an dir selbst aufgefallen?***

- ***Was willst du Jesus nach dem heutigen Tag sagen? Herr Jesus, ...***

- ***Was würde Jesus nach dem heutigen Tag zu dir sagen wollen? Liebe/r ...,***

W W J D

11. Tag

Wofür sind Freunde denn da?

Jörg war in der ganzen Schule beliebt. Groß, muskulös, ein toller Sportler mit großen Zukunftschancen. Doch dann passierte der Unfall. Es war einfach nicht zu fassen, mitten auf dem Schulhof, alle waren dabei. Ein Lieferwagen, der dort parkte, geriet plötzlich ins Rollen und fuhr in eine Schülergruppe. Ein paar leichte Schürfwunden und Prellungen, niemand verletzte sich ernstlich – bis auf Jörg. Der Lieferwagen drückte ihn gegen eine Wand und Jörg brach sich einen Rückenwirbel. Jetzt hat er in den Beinen kein Gefühl mehr.

Der Unfall ist schon zwei Monate her, aber immer noch sprechen alle davon. Philip und seine Freunde kennen Jörg schon lange. Sie glauben, dass Gott ihn heilen kann, und sie sind auch bereit, für ihn zu beten – nicht nur heimlich, sondern wenn er dabei ist. Aber was ist, wenn ihr Gebet nicht hilft? Machen sich dann alle über sie lustig? Oder über Gott? Wird Jörg dann total enttäuscht oder sauer sein? Philip und seine Freunde wissen nicht, was sie tun sollen.

◆ ***Was würde Jesus an Philips Stelle tun?***

Das Abrisskommando *Markus 2,1-12*

Nach einigen Tagen kehrte Jesus nach Kapernaum zurück. Es sprach sich schnell herum, dass er wieder zu Hause war. Viele Menschen strömten zusammen, so dass nicht einmal mehr vor der Tür noch Platz war. Ihnen allen verkündete Jesus die Heilsbotschaft.

Da kamen vier Männer, die einen Gelähmten trugen. Weil sie wegen der vielen Menschen nicht bis zu Jesus kommen konnten, deckten sie über ihm das Dach ab. Durch diese Öffnung ließen sie den Gelähmten auf seiner Trage hinunter.

Als Jesus sah, wie fest sie darauf vertrauten, dass er ihrem Freund helfen würde, sagte er zu dem Gelähmten: »Mein Sohn, deine Sünden sind dir vergeben!«

Aber einige der anwesenden Schriftgelehrten dachten: »Das ist Gotteslästerung! Was bildet der sich ein! Nur Gott allein kann Sünden vergeben.« Jesus durchschaute sie und fragte: »Wie könnt ihr nur so etwas denken! Ist es leichter zu sagen: ›Dir sind deine Sünden vergeben‹ oder diesen Gelähmten zu heilen? Ich will euch beweisen, dass der Menschensohn die Macht hat, schon jetzt Sünden zu vergeben.« Und er forderte den Gelähmten auf: »Steh auf, nimm dein Bett und geh nach Hause! Du bist gesund!«

Der Mann stand auf, nahm seine Trage und ging hinaus. Fassungslos sahen ihm die Menschen nach und riefen begeistert: »Noch nie haben wir so etwas erlebt!« Und alle lobten Gott.

◆ *Was hat Jesus getan?*

Die Männer in der Geschichte waren bereit, das Eigentum eines anderen zu beschädigen, um ihrem Freund zu helfen. Wie weit würdest – oder solltest – du gehen, um einen Freund zu Jesus zu bringen?

Tipp des Tages

Denk an einen deiner Freunde, der kein Christ ist! Bete heute für eine Gelegenheit, um mit ihm über deinen Glauben sprechen zu können.

Wie war es heute? Bitte schreib deine Erfahrungen hier auf!

◆ *Hast du heute häufig an Jesus gedacht? Wenn ja, wann? Wenn nein, warum nicht?*

◆ *Ist dir heute etwas an dir selbst aufgefallen?*

- ***Was willst du Jesus nach dem heutigen Tag sagen? Herr Jesus, ...***

- ***Was würde Jesus nach dem heutigen Tag zu dir sagen wollen? Liebe/r ...,***

12. Tag

Hoffnungslos

An meiner Schule gibt es Schülerbanden. Sie sind gemein und böse und leben anscheinend ganz in einer Welt, die ich nicht kenne. Man sagt zwar, dass sich jeder Mensch ändern kann, aber das glaube ich nicht. Es gibt eben Menschen – auch an meiner Schule –, denen man nicht mehr helfen kann. Um es anders auszudrücken: Es gibt keine Möglichkeit, wie ich an diese Typen herankommen kann. Zum einen können sie mich nicht leiden, und außerdem könnten sie mir etwas antun.

◆ ***Was würde Jesus tun?***

Wirklich hoffnungslos? *Lukas 23,39-43*

Auch einer der Verbrecher, die mit ihm gekreuzigt worden waren, lästerte: »Bist du nun der Messias? Dann beweise es! Hilf dir selbst und uns!«

Aber der am anderen Kreuz wies ihn zurecht: »Fürchtest du Gott nicht einmal jetzt, kurz vor dem Tod? Wir hängen hier zu Recht. Wir haben den Tod verdient. Der hier aber ist unschuldig; er hat nichts Böses getan.«

Zu Jesus sagte er: »Herr, denke an mich, wenn du in dein Königreich kommst!« Da antwortete ihm Jesus: »Ich versichere dir: Noch heute wirst du mit mir im Paradies sein.«

◆ *Was hat Jesus getan?*

Glaubst du, dass es Menschen gibt, die so weit weg von Jesus sind, dass sie nicht mehr an ihn glauben können? Warum meinst du das oder warum nicht?

Tipp des Tages

Bete für jemanden, von dem du glaubst, dass er weit weg von Jesus ist und nichts von ihm wissen will. Bitte Gott, dir eine Möglichkeit zu geben, mit diesem Menschen über deinen Glauben zu sprechen.

Wie war es heute? Bitte schreib deine Erfahrungen hier auf!

◆ *Hast du heute häufig an Jesus gedacht? Wenn ja, wann? Wenn nein, warum nicht?*

- ***Ist dir heute etwas an dir selbst aufgefallen?***

- ***Was willst du Jesus nach dem heutigen Tag sagen? Herr Jesus, ...***

- ***Was würde Jesus nach dem heutigen Tag zu dir sagen wollen? Liebe/r ...,***

W W J D

13. Tag

Dunkle Vergangenheit

Nach der Scheidung ihrer Eltern hatte Monika einige Jahre eine intime Beziehung mit ihrem Freund. Doch nach mehreren Gesprächen mit einem Seelsorger wurde ihr klar, dass sie diese körperliche Beziehung nur benutzt hatte, um über den Schmerz hinwegzukommen, den die Trennung ihrer Eltern verursacht hatte. Schließlich machte sie mit ihrem Freund Schluss. Durch die Hilfe einer Jugendmitarbeiterin ihrer Gemeinde war ihr inzwischen auch der Glaube an Jesus sehr wichtig geworden.

Eines Abends stellte Monikas Mutter ihrer Tochter beim Abendessen überraschend die Frage: »Hast du schon mal mit einem Jungen geschlafen?«

Monika war über diese direkte Frage so schockiert, dass sie nicht wusste, was sie antworten sollte. Ihre Mutter wusste das mit Monikas Ex-Freund nicht, und Monika wollte ihr auch nichts davon erzählen – besonders nicht jetzt, nachdem sie ihr Leben in Ordnung gebracht hatte.

Außerdem hatte ihre Mutter auch ohne Monikas Probleme schon genug Sorgen.

◆ ***Was hätte Jesus an Monikas Stelle getan?***

Licht ins Dunkel *Johannes 4,4+6-9+13-18+28-29*

Auf seiner Reise nach Galiläa kam Jesus auch durch Samarien. Dort ist der Jakobsbrunnen. Müde von der langen Reise setzte sich Jesus an den Brunnen. Es war gerade Mittagszeit.

Da kam eine Samariterin aus der nahe gelegenen Stadt zum Brunnen, um Wasser zu holen. Jesus bat sie: »Gib mir etwas zu trinken!«, denn seine Jünger waren in die Stadt gegangen, um Lebensmittel einzukaufen.

Die Frau fragte überrascht: »Du bist doch ein Jude! Wieso bittest du mich um Wasser, wo ich doch eine samaritische Frau bin?« (Normalerweise wollten die Juden nichts mit den Samaritern zu tun haben.)

»Jeder, der dieses Wasser trinkt«, erwiderte Jesus darauf, »wird bald wieder durstig sein. Wer aber von dem Wasser trinkt, das ich ihm gebe, der wird nie wieder Durst bekommen. Dieses Wasser wird in ihm zu einer Quelle, die bis ins ewige Leben hineinfließt.«

»Dann gib mir dieses Wasser«, sagte die Frau, »damit ich nie mehr durstig bin und nicht immer wieder herkommen und Wasser holen muss!«

»Gut«, entgegnete Jesus, »geh, und rufe deinen Mann. Dann kommt beide hierher!«

»Ich bin nicht verheiratet«, wandte die Frau ein. »Das stimmt«, erwiderte Jesus, »verheiratet bist du nicht. Fünf Männer hast du gehabt, und der, mit dem du jetzt zusammenlebst, ist nicht dein Mann. Da hast du die Wahrheit gesagt.«

Da ließ die Frau ihren Wasserkrug stehen, lief in die Stadt und berichtete aufgeregt allen Leuten: »Kommt mit! Ich habe einen Mann getroffen, der alles von mir weiß;

dabei hat er mich noch nie gesehen! Ob er wohl der Messias ist?« Neugierig liefen die Leute aus der Stadt zu Jesus.

◆ ***Was hat Jesus getan?***

Was hättest du an der Stelle der samaritischen Frau getan? Hättest du allen von deiner Vergangenheit erzählt oder hättest du geschwiegen? Warum?

Tipp des Tages

Überleg mal, ob es etwas gibt, was du jemandem »beichten« müsstest, damit eure Beziehung wieder in Ordnung kommt.

Wie war es heute? Bitte schreib deine Erfahrungen hier auf!

◆ ***Hast du heute häufig an Jesus gedacht? Wenn ja, wann? Wenn nein, warum nicht?***

- ***Ist dir heute etwas an dir selbst aufgefallen?***

- ***Was willst du Jesus nach dem heutigen Tag sagen? Herr Jesus, ...***

- ***Was würde Jesus nach dem heutigen Tag zu dir sagen wollen? Liebe/r ...,***

14. Tag

In einer vollkommenen Welt leben

Die Osterfreizeit war einfach phantastisch. Gott war jedem Teilnehmer unglaublich nah. Es gab keine Gewalt, keinen Streit, keine bösen Worte – einfach großartig. Alle arbeiteten zusammen, halfen sich gegenseitig und nahmen Anteil an den wunderbaren Dingen, die Gott im Leben der anderen tat. Erst jetzt merke ich, wie negativ die Atmosphäre an meiner Schule ist. Am liebsten würde ich für immer dort leben, wo es das alles nicht gibt – keinen Stress mit den Lehrern oder Mitschülern und keine schlechten Einflüsse. Dasselbe müsste Gott doch eigentlich auch wollen, oder?

◆ ***Was würde Jesus tun?***

Die vollkommene Welt festhalten

Matthäus 17,1-13

Sechs Tage später ging Jesus mit Petrus, Jakobus und dessen Bruder Johannes auf den Gipfel eines hohen Berges. Sie waren dort ganz allein. Auf einmal wurde Jesus vor ihren Augen verwandelt: Sein Gesicht leuchtete wie die Sonne, und seine Kleider strahlten hell. Plötzlich erschienen Mose und der Prophet Elia. Sie redeten mit Jesus.

Da rief Petrus: »Herr, hier gefällt es uns! Wenn du willst, werden wir drei Hütten bauen, eine für dich, eine für Mose und eine für Elia.« Noch während er so redete, hüllte sie eine leuchtende Wolke ein, und aus der Wolke hörten sie eine Stimme: »Das ist mein geliebter Sohn, an dem ich meine Freude habe. Ihm sollt ihr gehorchen.«

Bei diesen Worten fielen die Jünger erschrocken zu Boden. Aber Jesus kam zu ihnen, berührte sie und sagte: »Steht auf! Fürchtet euch nicht!« Und als sie aufsahen, war nur noch Jesus bei ihnen.

Als sie vom Berg herabstiegen, befahl ihnen Jesus: »Erzählt niemandem, was ihr gesehen habt, bis der Menschensohn von den Toten auferstanden ist.«

Da fragten ihn seine Jünger: »Weshalb halten unsere Schriftgelehrten daran fest, dass zuerst der Prophet Elia kommen muss?« Jesus antwortete: »Sie haben Recht! Elia kommt und wird alles in Ordnung bringen. Doch ich sage euch: Er ist bereits gekommen, aber man hat ihn nicht erkannt. Sie haben mit ihm gemacht, was sie wollten. Und auch der Menschensohn wird durch sie leiden müssen.« Nun war es den Jüngern klar, dass er von Johannes dem Täufer sprach.

◆ *Was hat Jesus getan?*

In Vers 6 lesen wir, dass die Jünger »erschrocken« waren. Bist du jemals in der Gegenwart Gottes erschrocken? Ist das etwas Gutes oder etwas Schlechtes oder beides?

Tipp des Tages

Nimm dir dreißig Minuten Zeit, um vor Gott ruhig zu werden. Such dir dafür einen Platz, an dem du ganz ungestört bist, und bitte Gott, bei dir zu sein. Wenn du willst, kannst du alle Gedanken, die dir in dieser Zeit durch den Kopf gehen, aufschreiben.

Wie war es heute? Bitte schreib deine Erfahrungen hier auf!

- ***Hast du heute häufig an Jesus gedacht? Wenn ja, wann? Wenn nein, warum nicht?***

- ***Ist dir heute etwas an dir selbst aufgefallen?***

- ***Was willst du Jesus nach dem heutigen Tag sagen? Herr Jesus, ...***

- ***Was würde Jesus nach dem heutigen Tag zu dir sagen wollen? Liebe/r ...,***

15. Tag

Das große Geld machen

Ich will ganz nach oben. Meine Eltern waren immer arm – aber das ist nichts für mich. Mein Ziel ist, möglichst viel Kohle zu machen. Dafür schinde ich mich sogar durch die Schule, arbeite und lerne und übernehme am Wochenende gleich zwei Jobs. Ich will studieren, am besten Jura und dann ... dann gehöre ich zu den Spitzenverdienern. Klar, ich vergesse nicht, woher ich komme. Und ich werde auch mal was spenden. Doch eins steht fest: Arm will ich nie wieder sein.

◆ ***Was würde Jesus zu dieser Äußerung sagen?***

Das große Geld behalten *Matthäus 19,16-30*

Ein junger Mann kam mit der Frage zu Jesus: »Herr, was muss ich Gutes tun, um das ewige Leben zu bekommen?«

»Was meinst du denn mit gut?«, erwiderte Jesus. »Es gibt nur einen, der gut ist, und das ist Gott. Du kannst ewiges Leben bekommen, wenn du Gottes Gebote hältst.«

»Welche Gebote denn?«, fragte der Mann, und Jesus antwortete: »Du sollst nicht töten! Du sollst nicht die Ehe brechen. Du sollst nicht stehlen! Sag nichts Unwahres über einen anderen. Achte deine Eltern und liebe deine Mitmenschen wie dich selbst.«

»Daran habe ich mich immer gehalten! Was muss ich denn noch tun?«, wollte der junge Mann wissen.

Jesus antwortete: »Wenn du wirklich das ewige Leben haben willst, dann verkaufe was du hast und gib das Geld den Armen. Damit wirst du im Himmel einen Schatz erwerben, der dir nicht mehr verloren geht. Dann komm und folge mir nach.« Als der junge Mann das hörte, ging er traurig weg, denn er war sehr reich.

Da sagte Jesus zu seinen Jüngern: »Eins ist sicher: Ein Reicher hat es sehr schwer, zu Gott zu kommen. Eher lässt sich ein dickes Seil in ein Nadelöhr einfädeln, als dass ein Reicher in das Reich Gottes kommt.«

Darüber erschraken die Jünger: »Wer kann dann überhaupt gerettet werden?«

Jesus sah sie ernst an und sagte: »Für Menschen ist es unmöglich, aber bei Gott ist alles möglich!«

Jetzt fragte Petrus: »Du weißt, wir haben alles aufgegeben und sind mit dir gegangen. Was bekommen wir dafür?«

Jesus antwortete: »Das sollt ihr wissen, ihr, die ihr mit mir geht: Wenn der Menschensohn auf dem Thron der Herrlichkeit sitzen und über Gottes neue Welt herrschen wird, werdet ihr ebenfalls auf zwölf Thronen sitzen und die zwölf Stämme Israels richten. Jeder, der sein Haus, seine Geschwister, seine Eltern, seine Frau, seine Kinder oder seinen Besitz zurücklässt, um mir zu folgen, wird dies alles hundertfach zurückerhalten und das ewige Leben empfangen.

Viele, die heute eine große Rolle spielen, werden in Gottes neuer Welt nichts bedeuten. Und viele, die heute die Letzten sind, werden dann zu den Ersten gehören.«

◆ ***Wie hat Jesus auf diesen Mann reagiert?***

Wo stehst du, wenn es um Geld geht? Glaubst du, dass du reich und gleichzeitig Christ sein kannst? Wenn ja, warum hat dann Jesus den jungen Mann weggehen lassen? Oder muss man arm sein, um echter Christ zu sein?

Tipp des Tages

Such dir ein missionarisches oder soziales Projekt oder eine Einrichtung, die du heute finanziell unterstützen kannst.

Wie war es heute? Bitte schreib deine Erfahrungen hier auf!

◆ ***Hast du heute häufig an Jesus gedacht? Wenn ja, wann? Wenn nein, warum nicht?***

- ***Ist dir heute etwas an dir selbst aufgefallen?***

- ***Was willst du Jesus nach dem heutigen Tag sagen? Herr Jesus, ...***

- ***Was würde Jesus nach dem heutigen Tag zu dir sagen wollen? Liebe/r ...,***

Halbzeit deines 30-Tage-Experiments

Blättere einmal zurück und lies nach, welche Erwartungen du am Anfang deines 30-Tage-Abenteuers aufgeschrieben hast. Geh deine Liste Punkt für Punkt durch und überlege, was sich erfüllt hat. Es ist absolut in Ordnung, wenn du die eine oder andere Erwartung wegstreichst, weil sie dir heute unrealistisch oder unpassend erscheint. Mach dir keine Gedanken, wenn sich deine Erwartungen nur zum Teil oder gar nicht erfüllt haben. Freu dich über das, was sich erfüllt hat.

Wie geht es mir heute im Vergleich zu den Erwartungen, die ich vor 15 Tagen aufgeschrieben habe?

– ***Meine Beziehung zu Jesus:***

– ***Meine Beziehung zu meinen Eltern:***

– ***Meine Beziehung zu meinen Freunden:***

– ***In meiner Schule:***

– ***In meiner Arbeit:***

– ***In meiner Gemeinde und meiner Jugend-gruppe:***

– ***Bei anderen wichtigen Dingen meines Lebens:***

16. Tag

Ich bin ein Niemand

Ich will mal ganz ehrlich sein. Ich bin ein Niemand. Ein Nichts. Ich interessiere mich nicht für Sport. Ich sehe durchschnittlich aus. Ich habe kein besonderes Talent, das mich heraushebt. Das Einzige, das mich von anderen unterscheidet, ist mein Rollstuhl.

Leute, die zu mir nett sind, sind meistens viel zu nett. Klar, was ich damit sagen will? Sie kennen mich überhaupt nicht, und sie wollen mich auch nicht kennen lernen. Für sie bin ich nur ein armer Behinderter. Aber das ist nur die eine Seite. Es gibt auch genug Leute, die sich über mich lustig machen. Doch daran hab ich mich schon gewöhnt. Das macht mir nichts mehr aus ... nur ... ich bin eben ein Niemand.

Und ich bedeute niemandem etwas. Wenn ich morgen sterben würde, wem würde das schon was ausmachen, außer meinen Eltern?

◆ ***Was würde Jesus zu diesem Menschen sagen?***

Scheinbar unbedeutend und doch von Bedeutung *Lukas 13,10-17*

Am Sabbat lehrte Jesus in einer Synagoge. An dem Gottesdienst nahm auch eine Frau teil, die seit achtzehn Jahren schwer behindert war und sich nicht mehr aufrichten konnte. Als Jesus sie sah, rief er sie zu sich: »Frau, du sollst von deinem Leiden erlöst sein!« Segnend legte er seine Hände auf sie. Da richtete sie sich auf und dankte Gott von ganzem Herzen.

Aber der Vorsteher der Synagoge entrüstete sich darüber, dass Jesus die Frau am Sabbat geheilt hatte. »Die Woche hat sechs Arbeitstage. An denen könnt ihr kommen und euch heilen lassen, aber nicht ausgerechnet am Sabbat«, ereiferte er sich.

Doch Jesus erwiderte ihm: »Ihr Heuchler! Ihr bindet doch eure Ochsen und Esel auch am Sabbat los und führt sie zur Tränke. Und mir verbietet ihr, diese Frau am Sabbat aus der Knechtschaft Satans zu befreien! Achtzehn Jahre lang war sie krank. Gehört sie nicht auch zu Gottes auserwähltem Volk?«

Darauf konnten seine Feinde nichts erwidern. Aber alle anderen freuten sich über die wunderbaren Taten Jesu.

◆ *Was hat Jesus getan?*

Jesus beachtete die scheinbar unbedeutende Frau und wies all die bedeutenden Männer zurecht. Was sagt dir das über Jesus?

Tipp des Tages

Gibt es in deiner Schule jemanden, der auf der Beliebtheits-Skala ganz unten steht? Überlege dir, wie du heute diesem Menschen das Gefühl geben kannst, etwas zu bedeuten.

Wie war es heute? Bitte schreib deine Erfahrungen hier auf!

- ***Hast du heute häufig an Jesus gedacht? Wenn ja, wann? Wenn nein, warum nicht?***

- ***Ist dir heute etwas an dir selbst aufgefallen?***

- ***Was willst du Jesus nach dem heutigen Tag sagen? Herr Jesus, ...***

- ***Was würde Jesus nach dem heutigen Tag zu dir sagen wollen? Liebe/r ...,***

W W J D

17. Tag

Das Ekel

Jeden Tag, wenn ich Nadine sehe, krieg ich die Krise. Sie geht mir voll auf die Nerven! Okay, sie hat eine Menge Freunde – solche, die man mit Geld kaufen kann. Schließlich haben ihre Eltern einen Reitstall, und ihre Freundinnen dürfen am Wochenende dort reiten. Klar, dass die das klasse finden. Aber immer muss sie mit ihrer Kohle, ihren teuren Klamotten und ihrem Dad angeben, der eine große Nummer als Geschäftsmann ist. Am liebsten würde ich sie auf den Mond schießen. Sie ist ein richtiges Ekel.

◆ ***Wie würde sich Jesus Nadine gegenüber verhalten?***

Der miese Typ, der sich verändert hat

Lukas 19,1-10

Als Jesus durch Jericho zog, liefen viele Menschen zusammen. Unter ihnen war Zachäus, der Oberaufseher über alle Zolleinnehmer. Er war sehr reich. Zachäus wollte Jesus unbedingt sehen; aber er war sehr klein, und niemand machte ihm Platz. Da rannte er ein Stück voraus und kletterte auf einen Maulbeerbaum, der am Wege stand. Von hier aus konnte er alles überblicken.

Als Jesus dort vorbeikam, entdeckte er ihn. »Zachäus, komm schnell herunter!«, rief Jesus. »Ich möchte heute dein Gast sein!«

Im Nu war er vom Baum herunter und nahm Jesus voller Freude mit in sein Haus.

Die anderen Leute empörten sich über Jesus. »Jeder weiß doch, dass Zachäus nur durch Betrug reich geworden ist! Wie kann Jesus nur dieses Haus betreten!«

Zachäus wurde auf einmal sehr ernst: »Herr, ich werde die Hälfte meines Vermögens an die Armen verteilen, und wem ich am Zoll zu viel abgenommen habe, dem gebe ich es vierfach zurück.« Da sagte Jesus zu ihm: »Heute ist ein großer Tag für dich und deine Familie; denn Gott hat euch heute als seine Kinder angenommen. Du warst einer von Abrahams verlorenen Söhnen. Der Menschensohn ist gekommen, Verlorene zu suchen und zu retten.«

◆ *Was hat Jesus getan?*

Wenn Jesus Menschen veränderte oder heilte, passierte es oft, dass andere sich darüber nicht freuten. Im Gegenteil, sie wurden böse, bekamen Angst oder fühlten sich bedroht. Warum? Warum möchten manche Menschen, dass andere so bleiben, wie sie sind, selbst wenn das nichts Gutes bedeutet? Fallen dir dazu auch Beispiele aus deinem Leben ein?

Tipp des Tages

Kennst du jemanden, der sich zu seinem Vorteil verändert hat? Schreib diesem Menschen einen Brief oder ruf ihn an und sag ihm, wie sehr du dich darüber freust.

Wie war es heute? Bitte schreib deine Erfahrungen hier auf!

- ***Hast du heute häufig an Jesus gedacht? Wenn ja, wann? Wenn nein, warum nicht?***

- ***Ist dir heute etwas an dir selbst aufgefallen?***

- ***Was willst du Jesus nach dem heutigen Tag sagen? Herr Jesus, ...***

- ***Was würde Jesus nach dem heutigen Tag zu dir sagen wollen? Liebe/r ...,***

18. Tag

Hat sie oder hat sie nicht?

Letztes Wochenende hat Jana mit Simon Schluss gemacht, weil er unbedingt Sex mit ihr haben wollte. In der Schule geht jetzt das Gerücht um, Jana wäre schwanger. Dabei hat Jana doch gar nicht mit Simon geschlafen, weil sie das als Christin nicht in Ordnung findet. Jetzt ist sie wegen der Gerüchte ganz niedergeschlagen. Zudem hat sie herausgefunden, dass Simon vor seinen Freunden damit prahlt, dass sie »es« getan hätten. Jana weiß nicht, was sie tun soll.

◆ ***Was würde Jesus Jana raten?***

Ist er es oder ist er es nicht?

Markus 15,1-5

Am frühen Morgen schlossen die Hohen Priester, die Führer des Volkes, die Schriftgelehrten und der ganze Gerichtshof ihre Beratungen ab und trafen ihre Entscheidung. Jesus wurde gefesselt zu Pilatus, dem römischen Gouverneur, gebracht.

Pilatus fragte ihn: »Bist du der König der Juden?«

»Ja«, antwortete Jesus, »ich bin es.«

Die Hohen Priester brachten noch andere schwere Anklagen gegen ihn vor.

»Antworte doch!«, forderte ihn Pilatus auf. »Willst du dich nicht verteidigen? Hörst du nicht, wie schwer sie dich beschuldigen?«

Aber Jesus sagte kein Wort. Darüber wunderte sich Pilatus sehr.

◆ ***Was hat Jesus getan?***

Warum hat Jesus in Vers 5 geschwiegen?

Tipp des Tages

Bete heute jedes Mal, wenn du einem Mitschüler begegnest, kurz für ihn und deine Schule, vielleicht so: »Jesus, bitte zeig dich an unserer Schule.«

Wie war es heute? Bitte schreib deine Erfahrungen hier auf!

◆ ***Hast du heute häufig an Jesus gedacht? Wenn ja, wann? Wenn nein, warum nicht?***

- ***Ist dir heute etwas an dir selbst aufgefallen?***

- ***Was willst du Jesus nach dem heutigen Tag sagen? Herr Jesus, ...***

- ***Was würde Jesus nach dem heutigen Tag zu dir sagen wollen? Liebe/r ...,***

19. Tag

Ein schlechter Christ

An unserer Schule gibt es eine Gruppe von Christen, die für eine Menge Unruhe sorgt. Jeden Morgen treffen sie sich zum Bibellesen, sie tragen T-Shirts mit frommen Sprüchen und versuchen ständig, über Jesus zu reden oder andere vom Glauben zu überzeugen. Eigentlich finde ich toll, was sie machen, es passt nur nicht zu mir.

Robert, der die Gruppe leitet, weiß, dass ich auch Christ bin, und redet dauernd auf mich ein, mich der Gruppe anzuschließen. Er sagt mir ständig, ich müsse »für Jesus brennen«. Ich sei nur ein lauer Christ und müsse mich entscheiden, ob ich Jesus wirklich nachfolgen will oder nicht. Er sagt, dass ich nicht genug bete und zu wenig in der Bibel lese. Vor kurzem hat er mir sogar an den Kopf geworfen, ich sei wohl überhaupt kein Christ. Jetzt bin ich ganz durcheinander. Ich führe mein Leben als Christ einfach anders als Robert und seine Freunde. Mein Ziel ist es, langsam eine Beziehung zu Leuten aufzubauen, von denen ich weiß, dass sie keine Christen sind und die sich von Roberts Gruppe abgestoßen fühlen.

◆ ***Was würde Jesus zu Robert sagen?***

Ein schlechter Jude *Matthäus 12,1-13*

Eines Tages wanderte Jesus mit seinen Jüngern am Sabbat durch die Getreidefelder. Die Jünger waren hungrig und rissen einzelne Weizenähren ab, um die Körner zu essen.

Als das die Pharisäer sahen, beklagten sie sich bei Jesus: »Deine Jünger brechen Gottes Gebote! Sie ernten am Sabbat Getreide!«

Jesus antwortete ihnen darauf: »Habt ihr nicht die Geschichte von König David und seinen Freunden gelesen? Als sie hungrig waren, gingen sie in das Gotteshaus und aßen vom Opferbrot, das doch nur die Priester essen durften. Habt ihr nicht außerdem im Gesetz gelesen, dass die Priester den Sabbat durch ihre Arbeit im Tempel entweihen? Trotzdem sind sie schuldlos. Ich will euch nur das eine sagen: Hier ist einer, der ist mehr als der Tempel.

Wenn ihr verstanden hättet, was das bedeutet: ›Barmherzigkeit ist mir lieber als Opfer!‹, dann würdet ihr nicht Unschuldige verurteilen. Denn der Menschensohn hat das Recht zu entscheiden, was am Sabbat erlaubt ist und was nicht.«

Nach diesen Worten ging er weiter und kam in ihre Synagoge. Dort bemerkte er einen Mann mit einer verkrüppelten Hand.

Die Pharisäer fragten ihn: »Erlaubt das Gesetz Gottes, am Sabbat zu heilen?« Sie suchten damit einen Vorwand, um ihn anzuzeigen.

Jesus antwortete: »Wenn jemand von euch nur ein einziges Schaf besitzt und das fällt am Sabbat in den Brunnen, wird er es nicht sofort herausholen? Aber ein Mensch ist doch viel mehr wert als ein Schaf! Also ist es erlaubt, am Sabbat Gutes zu tun.«

Dann forderte er den Mann auf: »Strecke deine Hand aus!« Der Mann gehorchte, und seine Hand war gesund.

◆ *Was hat Jesus getan?*

Warum wurden die Pharisäer gegenüber Jesus und seinen Jüngern so wütend? Warum sind Christen gegenüber anderen Christen oft sehr kritisch? Würdest du den Robert aus unserer Geschichte als Pharisäer bezeichnen oder einfach nur als einen Christen, der sich Gedanken macht?

Tipp des Tages

Gibt es jemanden in deiner Gemeinde oder Jugendgruppe, der dich ständig kritisiert? Überleg einmal, bei welchen Punkten er oder sie vielleicht Recht hat und wo nicht – und wie du das nächste Mal reagieren könntest.

Wie war es heute? Bitte schreib deine Erfahrungen hier auf!

◆ *Hast du heute häufig an Jesus gedacht? Wenn ja, wann? Wenn nein, warum nicht?*

- ***Ist dir heute etwas an dir selbst aufgefallen?***

- ***Was willst du Jesus nach dem heutigen Tag sagen? Herr Jesus, ...***

- ***Was würde Jesus nach dem heutigen Tag zu dir sagen wollen? Liebe/r ...,***

20. Tag

Wo ist Gott?

Die Leute in meiner Gemeinde sprechen immer davon, dass sie Gott in ihrem Leben erfahren. Einige sagen sogar, dass er zu ihnen spricht. Andere wieder erklären, sie wüssten genau, wann er bei ihnen ist. Ich lese die Bibel und bete auch regelmäßig, aber ehrlich gesagt kann ich nicht behaupten, dass ich ihn wirklich erlebt hätte. Heißt das, dass ich kein Christ bin? Oder heißt das, ich bemühe mich zu wenig? Ich verstehe das alles nicht und irgendwie hab ich auch ein bisschen Angst. Doch ich möchte Gott wirklich in meinem Leben erfahren.

◆ ***Was würde Jesus sagen?***

Wo ist Jesus? *Lukas 24,13-35*

Am selben Tag wanderten zwei Jünger nach Emmaus, einem Dorf, das ungefähr zehn Kilometer von Jerusalem entfernt liegt. Unterwegs redeten sie über nichts anderes als über die Ereignisse der letzten Tage. Während sie miteinander sprachen, gesellte sich Jesus zu ihnen. Aber, wie mit Blindheit geschlagen, konnten sie ihn nicht erkennen.

»Worüber unterhaltet ihr euch?«, fragte sie Jesus. Die Jünger blieben traurig stehen, und verwundert bemerkte Kleopas, einer von den beiden: »Ich glaube, du bist der Einzige in Jerusalem, der nichts von den Ereignissen der letzten Tage gehört hat.«

»Was ist denn geschehen?», wollte Jesus wissen.

»Du hast nichts von Jesus gehört, dem Mann aus Nazareth?«, antworteten die Jünger. »Er war ein Prophet, den Gott geschickt hat. Jeder im Volk konnte das an seinen Worten und Taten erkennen. Aber unsere Hohen Priester und die Männer vom Hohen Rat haben ihn an die Römer ausgeliefert. Er wurde zum Tode verurteilt und dann ans Kreuz geschlagen. Dabei hatten wir gehofft, dass er der von Gott verheißene Retter ist, der Israel befreien sollte.

Das war vor drei Tagen. Heute Morgen wurden wir sehr beunruhigt durch einige Frauen, die zu uns gehören. Schon vor Sonnenaufgang waren sie zum Grab gegangen: Aber sein Leichnam war nicht mehr da. Ihnen seien Engel erschienen, die sollen gesagt haben: ›Jesus lebt!‹ Einige von uns sind gleich zum Grab gelaufen. Es war tatsächlich leer, wie die Frauen berichtet hatten. Aber Jesus haben sie nicht gesehen.«

Darauf sagte Jesus zu ihnen: »Wie unverständig seid ihr doch! Warum begreift und glaubt ihr nicht, was die Propheten vorhergesagt haben? Musste Christus nicht all dies erleiden, bevor Gott ihn zum Herrn über alles einsetzt?«

Dann erklärte ihnen Jesus, was in der Heiligen Schrift über ihn gesagt wird – von den Büchern Mose angefangen bis zu den Propheten.

Inzwischen waren sie kurz vor Emmaus. Es sah aus, als wollte Jesus weitergehen. Deshalb drängten ihn die Jünger: »Bleibe doch über Nacht bei uns! Es wird ja schon dunkel.« So ging er mit ihnen ins Haus.

Als sie sich zum Essen gesetzt hatten, nahm Jesus das Brot, dankte dafür, teilte es in Stücke und gab es ihnen. Da plötzlich erkannten sie ihn. Doch er verschwand vor ihren Augen.

Jetzt fiel es ihnen wie Schuppen von den Augen: »Haben wir nicht im Innersten gespürt, dass es Jesus ist, als er unterwegs mit uns sprach und uns die Verheißungen der Heiligen Schrift erklärte?«

Ohne Zeit zu verlieren, liefen sie sofort nach Jerusalem zurück. Dort waren die elf Jünger und andere Freunde Jesu zusammen. Von ihnen wurden sie mit den Worten begrüßt: »Der Herr ist auferstanden! Er ist tatsächlich auferstanden! Petrus hat ihn gesehen!«

Nun erzählten die beiden, was auf dem Weg nach Emmaus geschehen war und dass sie ihren Herrn daran erkannt hatten, wie er das Brot austeilte.

◆ *Wie hat Jesus sich diesen Männern zu erkennen gegeben?*

Hast du Gott schon einmal erlebt? Wenn ja, wie? Wenn nein, frag doch einmal jemanden aus deiner Gemeinde, dem du vertraust, wie man Gott erleben kann.

Tipp des Tages

Bete heute, bevor du zur Schule gehst, darum, dass Jesus dir besonders nah ist. Halte deine Augen, deine Ohren und dein Herz offen dafür, wie er dir mitten im Alltag begegnen will.

Wie war es heute? Bitte schreib deine Erfahrungen hier auf!

- ***Hast du heute häufig an Jesus gedacht? Wenn ja, wann? Wenn nein, warum nicht?***

- ***Ist dir heute etwas an dir selbst aufgefallen?***

- ***Was willst du Jesus nach dem heutigen Tag sagen? Herr Jesus, ...***

- ***Was würde Jesus nach dem heutigen Tag zu dir sagen wollen? Liebe/r ...,***

W W J D

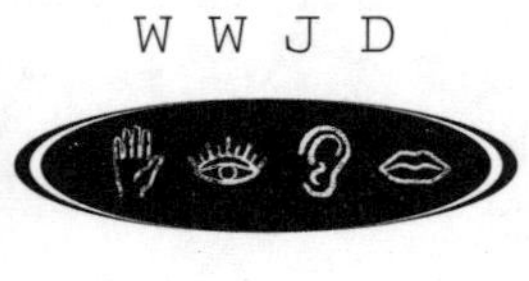

21. Tag

Wem soll ich helfen?

Soziale Aufgaben zu erfüllen macht mir Spaß. Das ist echt stark. Ich arbeite zum Beispiel ehrenamtlich beim Roten Kreuz mit oder übernehme Haussammlungen für die Diakonie. So etwas tu ich gern. Aber wenn es darum geht, zu Hause, in meiner Nachbarschaft oder in der Schule etwas für andere zu tun, weiß ich oft nicht wie. Ich kann ja schließlich nicht einfach in der Schule auf jemanden zugehen und ihm Geld anbieten, oder?

◆ ***Was würde Jesus tun?***

Wer ist mein Nächster? *Lukas 10,25-37*

Da stand ein Schriftgelehrter auf, um Jesus eine Falle zu stellen. »Meister«, fragte er scheinheilig, »was muss ich tun, um das ewige Leben zu bekommen?«

Jesus erwiderte: »Was steht denn darüber im Gesetz Gottes? Was liest du dort?«

Der Schriftgelehrte antwortete: »Du sollst Gott, deinen Herrn, lieben mit deinem ganzen Herzen, von ganzer Seele, mit aller Kraft und deinem ganzen Verstand. Und auch deinen Mitmenschen sollst du so lieben wie dich selbst.«

»Richtig!«, erwiderte Jesus. »Tue das, und du wirst ewig leben.«

Aber der Mann wollte sich damit nicht zufrieden geben und fragte weiter: »Wer gehört denn zu meinen Mitmenschen? Wie ist das gemeint?«

Jesus antwortete ihm mit einer Geschichte: »Ein Mann wanderte von Jerusalem nach Jericho hinunter. Unterwegs wurde er von Räubern überfallen. Sie schlugen ihn zusammen, plünderten ihn aus und ließen ihn halb tot liegen. Dann machten sie sich davon.

Zufällig kam bald darauf ein Priester vorbei. Er sah den Mann liegen und ging schnell weiter. Genauso verhielt sich ein Tempeldiener. Er sah zwar den verletzten Mann, aber er blieb nicht stehen, sondern machte einen großen Bogen um ihn. Dann kam einer der verachteten Samariter vorbei. Als er den Verletzten sah, hatte er Mitleid mit ihm. Er beugte sich zu ihm hinunter und behandelte seine Wunden. Dann hob er ihn auf sein Reittier und brachte ihn in den nächsten Gasthof, wo er den Kranken besser pflegen und versorgen konnte.

Als er am nächsten Tag weiterreisen musste, gab er dem Wirt Geld und bat ihn: ›Pflege den Mann gesund! Sollte das Geld nicht reichen, werde ich dir den Rest auf meiner Rückreise bezahlen!‹ Welcher von den dreien«, fragte Jesus jetzt den Schriftgelehrten, »hat nach deiner Meinung Gottes Gebot erfüllt und an dem Überfallenen als Mitmensch gehandelt?«

Der Schriftgelehrte erwiderte: »Natürlich der Mann, der ihm geholfen hat«.

»Dann geh und folge seinem Beispiel!«, forderte Jesus ihn auf.

◆ ***Was hat Jesus gesagt?***

Überleg dir, wie du für deinen »Nächsten« etwas tun kannst.

Tipp des Tages

Tu etwas für jemanden in deiner Nachbarschaft oder in deiner Familie, wie z.B. Staub saugen, Auto waschen, Rasen mähen usw. Verrate aber nicht, dass du es gewesen bist.

Wie war es heute? Bitte schreib deine Erfahrungen hier auf!

◆ ***Hast du heute häufig an Jesus gedacht? Wenn ja, wann? Wenn nein, warum nicht?***

◆ ***Ist dir heute etwas an dir selbst aufgefallen?***

- ***Was willst du Jesus nach dem heutigen Tag sagen? Herr Jesus, ...***

- ***Was würde Jesus nach dem heutigen Tag zu dir sagen wollen? Liebe/r ...,***

22. Tag

Das Wichtigste im Leben

Das Wichtigste im Leben eines Christen ist es, anderen von Jesus zu erzählen. Es ist doch so: Ohne Jesus haben Menschen keine Vergebung, keine Freude, kein Leben. Ohne Jesus haben sie kaum etwas, worauf sie sich freuen können. Ich darf keine Zeit verschwenden und will anderen immer davon erzählen, damit sie etwas von Jesus erfahren. Ich will nicht untätig sein. Meine Aufgabe ist es, so viele Menschen wie möglich zu Jesus zu führen. Und genau das tu ich auch.

◆ ***Was würde Jesus dazu sagen?***

Was wirklich wichtig ist *Johannes 13,1-17*

Am Vorabend des Passahfestes wusste Jesus, dass nun die Zeit gekommen war, diese Welt zu verlassen und zum Vater zurückzugehen. Er hatte die Menschen geliebt, die sich in dieser Welt zu ihm bekannten, und er hörte nicht auf, sie zu lieben. An diesem Abend, als Jesus mit seinen Jüngern beim Essen war, hatte der Teufel Judas Ischariot schon zum Verrat an Jesus verführt. Jesus aber wusste, dass ihm der Vater unbegrenzte Macht gegeben hatte, dass er von Gott gekommen war und zu ihm zurückkehren würde.

Da stand er vom Tisch auf, legte seinen Umhang ab und band sich ein Tuch um. Er goss Wasser in eine Schüssel und begann, seinen Jüngern die Füße zu waschen und mit dem Tuch abzutrocknen.

Als er zu Simon Petrus kam, wehrte dieser ab. »Herr, wie kommst du dazu, mir die Füße zu waschen!«

Jesus antwortete ihm: »Du verstehst jetzt noch nicht, was ich tue. Aber später wirst du es verstehen.«

Doch Petrus blieb dabei: »Niemals sollst du mir die Füße waschen!«, worauf ihm Jesus erwiderte: »Wenn ich dir nicht die Füße wasche, gehörst du nicht zu mir.«

Da sagte Petrus: »Herr, dann wasch mir auch die Hände und das Gesicht, nicht nur die Füße!«

Jesus antwortete: »Wer gebadet hat, der ist ganz rein. Ihm braucht man nur noch den Straßenstaub von den Füßen zu waschen. Ihr seid alle rein – außer einem.« Jesus wusste nämlich, wer ihn verraten würde. Deshalb sagte er: »Ihr seid nicht alle rein.«

Nachdem Jesus ihnen die Füße gewaschen hatte, zog er seinen Umhang wieder an, setzte sich und fragte seine Jünger: »Versteht ihr, was ich eben getan habe? Ihr nennt mich Meister und Herr. Das ist auch richtig so, denn ich bin es. Wie ich, euer Meister und Herr, euch jetzt die Füße gewaschen habe, so sollt auch ihr euch gegenseitig die Füße waschen.

Ich habe euch damit ein Beispiel gegeben, dem ihr folgen sollt. Handelt ebenso! Denkt immer daran: Ein Untergebener steht niemals höher als sein Vorgesetzter, und ein Botschafter untersteht dem, der ihn gesandt hat. Wenn ihr das eingesehen habt, dann handelt danach, und Gott wird euch segnen.«

◆ ***Was hat Jesus getan?***

Wie sieht das wichtigste Zeugnis eines Christen aus?

Tipp des Tages

Gib jedem Mitglied deiner Familie einen Gutschein über etwas, das du für ihn tun willst, z.B. das Geschirr abwaschen – auch wenn du nicht dran bist –, Staub saugen, deine Musikanlage leiser drehen oder irgendetwas tun, worum er dich bittet.

Wie war es heute? Bitte schreib deine Erfahrungen hier auf!

◆ ***Hast du heute häufig an Jesus gedacht? Wenn ja, wann? Wenn nein, warum nicht?***

◆ ***Ist dir heute etwas an dir selbst aufgefallen?***

- ***Was willst du Jesus nach dem heutigen Tag sagen? Herr Jesus, ...***

- ***Was würde Jesus nach dem heutigen Tag zu dir sagen wollen? Liebe/r ...,***

W W J D

23. Tag

Was soll ich nur sagen?

Ich hatte mich in der Pause in eine Ecke verzogen, um für die Geschichtsklausur zu lernen, als sich ein Mädchen aus meiner Klasse, Katrin, zu mir setzte. Obwohl ich sie ganz gern mag, haben wir wenig miteinander zu tun, und ich hatte in diesem Moment wirklich keine Zeit, mit ihr zu reden. Ich war nett zu ihr, hoffte aber, sie würde merken, dass ich lernen wollte. Doch die Zeit verging und sie blieb sitzen.

Als ich mich leicht genervt zu ihr umdrehte, merkte ich plötzlich, dass sie weinte. »Was ist denn los, Katrin?«, fragte ich.

Sie sah mich ganz ernst an und sagte dann: »Wie wird man Christ?«

Ich wäre beinahe vom Stuhl gefallen. »Also ... willst du das wirklich wissen?«, stotterte ich.

»Absolut! Mein Leben ist zurzeit das reine Chaos – meine Eltern leben in Scheidung. Ich weiß, dass du immer in die Kirche gehst. Und im Reli-Unterricht klingst du auch so überzeugt, wenn vom Glauben die Rede ist. Also: Was muss ich tun, damit ich auch Christ werde?«

Mensch, das war vielleicht ein Hammer! Ich versuchte es ihr zu erklären, so gut ich konnte. Leider hatte ich meine Bibel nicht dabei, deshalb hab ich wohl auch den einen oder anderen Vers durcheinander gebracht. Es war bestimmt nicht alles richtig, was ich gesagt habe. Aber ich habe sie gefragt, ob sie mit mir beten und Jesus in ihr Leben aufnehmen will. Und sie sagte Ja! Ich konnte es nicht glauben. Das war gestern. Was soll ich jetzt als Nächstes tun?

◆ ***Was würde Jesus tun?***

Was soll ich nur tun? Johannes 3,1-16

Einer von den Männern des jüdischen Gerichtshofes war der Pharisäer Nikodemus. Mitten in der Nacht kam er heimlich zu Jesus: »Meister«, sagte er, »wir wissen, dass Gott dich als Lehrer zu uns gesandt hat. Deine Taten beweisen: Gott ist mit dir.«

Darauf erwiderte Jesus: »Ich sage dir eins, Nikodemus: Wer nicht neu geboren wird, kann nicht in Gottes Reich kommen.« Verständnislos fragte der Pharisäer: »Was meinst du damit? Wie kann ein Erwachsener neu geboren werden? Er kann doch nicht wieder in den Mutterleib zurück und noch einmal auf die Welt kommen!«

Aber Jesus wiederholte nur: »Eine andere Möglichkeit gibt es nicht: Wer nicht umkehrt und durch Gottes Geist neu geboren wird, kann nicht in Gottes Reich kommen! Ein Mensch kann immer nur menschliches, vergängliches Leben zeugen; aber der Geist Gottes gibt das neue, das ewige Leben. Wundere dich deshalb nicht, wenn ich dir gesagt habe: Ihr müsst neu geboren werden. Es ist damit wie beim Wind. Er weht, wie er will. Du spürst ihn auch, aber du kannst nicht erklären, woher er kommt und wohin er geht. So kann man auch nicht erklären, wie diese Geburt aus Gottes Geist vor sich geht, obwohl jeder ihre Auswirkung spürt.«

»Aber wie soll das nur vor sich gehen?«, fragte Nikodemus noch einmal. Jesus erwiderte: »Du bist doch einer der anerkannten Gelehrten in Israel und müsstest das eigentlich verstehen! Glaube mir: Wir reden nur von dem, was wir genau kennen. Und was wir bezeugen, das haben wir auch gesehen. Trotzdem nehmt ihr unser Wort nicht ernst. Ihr glaubt mir ja nicht einmal, wenn ich von ganz alltäglichen Dingen rede! Wie also werdet ihr mir dann glauben, wenn ich euch erkläre, was im Himmel geschieht? Und doch kann nur der Menschensohn, der vom Himmel gekommen ist, vom Himmel sprechen.

Du weißt doch, wie Mose in der Wüste eine Schlange aus Bronze an einem Pfahl aufrichtete, damit jeder, der sie ansah, am Leben blieb. Genauso muss auch der Menschensohn an einen Pfahl gehängt werden. Jeder, der dann voll Vertrauen auf ihn sieht, wird das ewige Leben haben.

Denn Gott hat die Menschen so sehr geliebt, dass er seinen einzigen Sohn für sie hergab. Jeder, der an ihn glaubt, wird nicht verloren gehen, sondern das ewige Leben haben.«

◆ *Was hat Jesus getan?*

Wie kann man einem frisch gebackenen Christen am besten helfen?

Tipp des Tages

Biete deine Mitarbeit in der Kinder- oder Jugendgruppe deiner Gemeinde an und hilf Christen, die jünger sind als du, bei der Nachfolge.

Wie war es heute? Bitte schreib deine Erfahrungen hier auf!

◆ ***Hast du heute häufig an Jesus gedacht? Wenn ja, wann? Wenn nein, warum nicht?***

◆ ***Ist dir heute etwas an dir selbst aufgefallen?***

◆ ***Was willst du Jesus nach dem heutigen Tag sagen? Herr Jesus, ...***

◆ ***Was würde Jesus nach dem heutigen Tag zu dir sagen wollen? Liebe/r ...,***

24. Tag

Der zweifelnde Stefan

Stimmt schon, ich frage wirklich andauernd etwas. Damit mach ich meine Lehrer verrückt, meine Eltern und mich selbst auch. Aber ich kann nichts dafür – mir schießen einfach ständig neue Fragen im Kopf herum. Ich hab schon versucht, das abzustellen, aber es geht nicht.

Dabei bin ich Christ – zumindest glaube ich, dass ich Christ bin. Und schon geht es wieder los: Ich zweifle oft daran, dass ich wirklich Christ bin, und ich zweifle auch oft am christlichen Glauben an sich. Wenn Jesus mir jetzt gegenübersitzen würde, hätte ich Tausende von Fragen an ihn! Ich würde gern wissen, ob er mir meine Fragen beantworten würde oder sauer wäre und mich wegschicken würde.

◆ ***Was würde Jesus zu Stefan sagen?***

Der zweifelnde Thomas *Johannes 20,19-31*

An diesem Sonntagabend hatten sich alle Jünger versammelt. Aus Angst vor den Juden ließen sie die Türen fest verschlossen. Plötzlich war Jesus bei ihnen. Er trat in ihre Mitte und grüßte sie: »Friede sei mit euch!«

Dann zeigte er ihnen die Wunden in seinen Händen und an seiner Seite. Als die Jünger ihren Herrn sahen, freuten sie sich sehr.

Und Jesus sagte noch einmal: »Friede sei mit euch! Wie mich der Vater in diese Welt gesandt hat, so sende ich euch in die Welt!« Dann hauchte er sie an und sprach: »Empfangt den Heiligen Geist! Wem ihr die Sünde erlasst, dem ist sie erlassen. Und wem ihr die Schuld nicht vergebt, der bleibt schuldig.«

Thomas, einer der zwölf Jünger, der auch Zwilling genannt wurde, war nicht dabei gewesen, als dies geschah. Deshalb erzählten sie ihm: »Wir haben den Herrn gesehen!«

Aber zweifelnd antwortete er: »Das glaube ich erst, wenn ich seine durchbohrten Hände gesehen habe. Mit meinen Fingern will ich sie fühlen, und meine Hand will ich in die Wunde an seiner Seite legen. Eher werde ich es nicht glauben.«

Acht Tage später hatten sich die Jünger wieder versammelt. Diesmal war Thomas bei ihnen. Und obwohl sie die Türen wieder abgeschlossen hatten, stand Jesus auf einmal in ihrer Mitte und grüßte sie: »Friede sei mit euch!« Dann wandte er sich an Thomas: »Lege deinen Finger auf meine durchbohrten Hände! Gib mir deine Hand und lege sie in die Wunde an meiner Seite! Zweifle nicht länger, sondern glaube!«

Thomas antwortete nur: »Mein Herr und mein Gott!«

Doch Jesus sagte zu ihm: »Du glaubst, weil du mich gesehen hast. Wie glücklich können erst die sein, die nicht sehen und trotzdem glauben.«

Die Jünger erlebten noch viele andere Wunder Jesu, die nicht in diesem Buch geschildert werden. Aber die hier aufgezeichneten Berichte wurden geschrieben, damit ihr glaubt, dass Jesus Christus der Sohn Gottes ist, und ihr durch den Glauben an ihn das ewige Leben habt.

◆ ***Was hat Jesus getan?***

Hältst du Zweifel für gesund oder ungesund? Warum?

Tipp des Tages

Überleg dir, in welchem Bereich deines Lebens du Hilfe von Jesus brauchst. Bitte ihn heute immer wieder um diese Hilfe.

Wie war es heute? Bitte schreib deine Erfahrungen hier auf!

◆ ***Hast du heute häufig an Jesus gedacht? Wenn ja, wann? Wenn nein, warum nicht?***

◆ ***Ist dir heute etwas an dir selbst aufgefallen?***

- ***Was willst du Jesus nach dem heutigen Tag sagen? Herr Jesus, ...***

- ***Was würde Jesus nach dem heutigen Tag zu dir sagen wollen? Liebe/r ...,***

W W J D

25. Tag

Völlig erschlagen

Ich weiß, dass ich alles Mögliche für Jesus tun sollte, aber manchmal frag ich mich, ob Jesus sich um uns Gedanken macht. Weiß er eigentlich, was für ein Stress das Leben ist – auch wenn man erst sechzehn ist? Schule, Eltern, Freizeit, Sport, Gemeinde – das ist manchmal einfach zu viel für mich. Ich fühle mich von den ganzen Terminen und Pflichten völlig erschlagen. Und dazu noch all die Erwartungen, die ich sowieso nicht erfüllen kann. Kann Jesus das überhaupt verstehen? Kann er mit mir mitfühlen oder würde er mir nur einen Vortrag darüber halten, wie ich meine Zeit besser einteilen sollte?

◆ ***Was würde Jesus sagen?***

Völlig erblindet *Lukas 18,35-43*

Jesus und seine Jünger waren unterwegs nach Jericho. In der Nähe der Stadt saß ein Blinder am Straßenrand und bettelte. Er hörte den Lärm der vorbeiziehenden Menge und fragte neugierig: »Was ist da los?« Einige riefen ihm zu: »Jesus von Nazareth kommt nach Jericho!«

Als er das hörte, schrie er laut: »Jesus, du Sohn Davids, hilf mir!«

Die Leute fuhren ihn an: »Halt den Mund!« Er aber schrie nur noch lauter: »Sohn Davids, hilf mir doch!«

Jesus blieb stehen und ließ den Mann zu sich führen. Dann fragte er ihn: »Was willst du von mir?«

»Herr«, flehte ihn der Blinde an, »ich möchte wieder sehen können!«

»Du sollst wieder sehen!«, sagte Jesus zu ihm. »Dein Vertrauen hat dich geheilt.« Von diesem Augenblick an konnte der Mann wieder sehen. Er ging mit Jesus und lobte Gott. Zusammen mit ihm lobten und dankten alle, die seine Heilung mit erlebt hatten.

◆ *Was hat Jesus getan?*

Hast du Angst, Jesus um Hilfe zu bitten, oder wendest du dich immer an ihn, egal, worum es geht?

Tipp des Tages

Gibt es jemanden, der deine Hilfe braucht? Biete sie ihm an und lass deinen Worten Taten folgen.

Wie war es heute? Bitte schreib deine Erfahrungen hier auf!

- ***Hast du heute häufig an Jesus gedacht? Wenn ja, wann? Wenn nein, warum nicht?***

- ***Ist dir heute etwas an dir selbst aufgefallen?***

- ***Was willst du Jesus nach dem heutigen Tag sagen? Herr Jesus, ...***

- ***Was würde Jesus nach dem heutigen Tag zu dir sagen wollen? Liebe/r ...,***

26. Tag

Total anders

Meine Freunde und ich sind ein bisschen verrückt. Wir sind einfach oft gut drauf und haben totalen Spaß. Die anderen denken, wir sind übergeschnappt, aber das macht nichts. Es ist uns egal, wenn andere uns für verrückt halten. Aber leider ist das nicht alles – oft sind sie wütend auf uns, sogar in unserer Gemeinde. Unser Jugendleiter sagt immer, wir sollten endlich erwachsen und ernsthafter werden. Für mich sind aber die meisten Menschen viel zu ernst. Es lacht doch kaum noch jemand.

Gestern Abend wurde es dann richtig ernst. Nach unserem Jugendtreff haben sich einige Verantwortliche mit uns zusammengesetzt und uns erklärt, wir müssten uns entweder ändern oder die Gruppe verlassen. Dabei stören wir die Treffen nicht, wir machen sie nur etwas lebendiger. Ich versteh das alles nicht.

◆ ***Was würde Jesus sagen?***

Total unnormal *Matthäus 11,19*

»Nun ist der Menschensohn gekommen, isst und trinkt wie jeder andere, und ihr beschuldigt ihn: ›Er isst unmäßig und trinkt wie ein Säufer; und zwielichtige Gestalten sind seine Freunde.‹ Doch wie Recht die Weisheit Gottes hat, erweist sich in dem, was sie bewirkt.«

Einfach anders *Matthäus 19,13-15*

Eines Tages brachte man kleine Kinder zu Jesus, weil er sie segnen und für sie beten sollte. Aber die Jünger wollten sie wegschicken: »Lasst ihn damit in Ruhe!«

Doch Jesus sagte: »Lasst die Kinder zu mir kommen und hindert sie nicht, denn für Menschen wie sie ist das Reich Gottes bestimmt.« Er legte ihnen die Hände auf und segnete sie. Danach zog er weiter.

◆ *Was haben andere über Jesus gesagt?*

Wie hat sich Jesus verhalten? Was kannst du daraus lernen?

Tipp des Tages

Schlag vor, dass ihr in deiner Familie wieder mal ein Spiel machen könntet. Habt einfach einen ganzen Abend Spaß zusammen!

Wie war es heute? Bitte schreib deine Erfahrungen hier auf!

- ***Hast du heute häufig an Jesus gedacht? Wenn ja, wann? Wenn nein, warum nicht?***

- ***Ist dir heute etwas an dir selbst aufgefallen?***

- ***Was willst du Jesus nach dem heutigen Tag sagen? Herr Jesus, ...***

- ***Was würde Jesus nach dem heutigen Tag zu dir sagen wollen? Liebe/r ...,***

27. Tag

Ein schlimmes Jahr

Das letzte Jahr war einfach furchtbar. Alles ging drunter und drüber – in meiner Beziehung zu Jesus genauso wie in meiner Familie. Meine Eltern streiten sich dauernd. Mein Bruder ist voll auf die Punk-Schiene abgefahren, meine Schwester macht ständig Probleme und ich versuch irgendwie alles zusammenzuhalten. Wo steckt eigentlich Jesus? Wenn es Schwierigkeiten gibt, scheint er nie da zu sein.

◆ ***Was würde Jesus tun?***

Ein schlimmer Sturm *Markus 4,35-41*

Am Abend dieses Tages sagte Jesus zu seinen Jüngern: »Kommt, wir wollen ans andere Ufer übersetzen!«

Sie schickten die Menschen weg und ruderten mit dem Boot, in dem Jesus saß, auf den See hinaus. Einige andere Boote folgten ihnen. Da brach ein gewaltiger Sturm los. Hohe Wellen schlugen ins Boot, es lief voll Wasser und drohte zu sinken. Jesus aber schlief hinten im Boot auf einem Kissen. Da rüttelten ihn die Jünger wach und schrien voller Angst: »Herr, wir gehen unter! Merkst du das nicht?«

Sofort stand Jesus auf, bedrohte den Wind und rief in das Toben der See: »Sei still! Schweige!« Da legte sich der Sturm, und tiefe Stille breitete sich aus.

»Warum hattet ihr solche Angst?«, fragte Jesus seine Jünger. »Habt ihr denn gar kein Vertrauen zu mir?«

Voller Entsetzen flüsterten die Jünger einander zu: »Was ist das für ein Mann! Selbst Wind und Wellen gehorchen ihm!«

◆ ***Was hat Jesus getan?***

Fällt es dir manchmal schwer, darauf zu warten, dass Jesus etwas tut?

Tipp des Tages

Halte heute deine Augen für Jesus offen. Überleg dir dann abends, wann und wo du ihn erlebt hast.

Wie war es heute? Bitte schreib deine Erfahrungen hier auf!

◆ ***Hast du heute häufig an Jesus gedacht? Wenn ja, wann? Wenn nein, warum nicht?***

- ***Ist dir heute etwas an dir selbst aufgefallen?***

- ***Was willst du Jesus nach dem heutigen Tag sagen? Herr Jesus, ...***

- ***Was würde Jesus nach dem heutigen Tag zu dir sagen wollen? Liebe/r ...,***

28. Tag

Darf man weinen?

Ich bin achtzehn und Mitglied unserer örtlichen Judomannschaft. Mein Spitzname ist »das Tier«. Ich komme aus einer ziemlich kaputten Familie, meine Eltern waren beide Alkoholiker und mein Zuhause war die Hölle. Am Wochenende hab ich auch immer getrunken und in der Schule bin ich kaum mitgekommen.

Dann hat einer unserer Nachbarn meinen Vater zu einer Evangelisation mitgenommen. Dort hat mein Vater Jesus erlebt, er ist nüchtern nach Hause gekommen, hat mich und meine Mutter in die Gemeinde geschleift und wir sind auch beide Christen geworden. Es ist ein Unterschied wie Tag und Nacht. Meine Familie ist jetzt ein einziges Wunder. Das fass ich einfach nicht. Mein Vater trinkt nicht mehr. Meine Mutter trinkt nicht mehr. Mir geht es viel besser und sogar meine Noten sind besser geworden.

Doch das Komische ist: Jedes Mal, wenn ich über meine Familie nachdenke, muss ich weinen. Nicht, weil ich traurig bin. Mir kommen einfach dauernd die Tränen. Ein bisschen peinlich ist das schon, aber ich bin so dankbar für alles. Es gibt allerdings Menschen, die mich absolut nicht verstehen. Ich – das Tier – heule ständig los. Sogar in meiner Gemeinde haben mir schon ein paar Leute gesagt, ich soll mich endlich zusammenreißen.

◆ *Was würde Jesus sagen?*

Darf man kostbares Öl verschwenden?

Lukas 7,36-50

Einmal wurde Jesus von einem Pharisäer zum Essen eingeladen. Er ging in das Haus des Pharisäers und setzte sich an den Tisch. Da kam eine Dirne herein, die in dieser Stadt lebte. Sie hatte erfahren, dass Jesus bei Simon eingeladen war. In ihrer Hand trug sie ein Glas mit wertvollem Öl.

Die Frau ging zu Jesus, kniete bei ihm nieder und weinte so sehr, dass seine Füße von ihren Tränen nass wurden. Mit ihrem Haar trocknete sie die Füße, küsste sie und goss das Öl darüber.

Der Pharisäer hatte das alles beobachtet und dachte: »Wenn dieser Mann wirklich ein Prophet Gottes wäre, müsste er doch wissen, was das für eine Frau ist!«

»Simon, ich will dir etwas erzählen«, unterbrach ihn Jesus in seinen Gedanken. »Ja, ich höre zu, Meister«, antwortete Simon.

»Ein reicher Mann hatte zwei Leuten Geld geliehen. Der eine Mann schuldete ihm fünftausend Mark, der andere fünfhundert. Weil sie aber zum festgesetzten Termin das Geld nicht zurückzahlen konnten, schenkte er es beiden. Welcher der beiden Männer wird ihm nun am meisten dankbar sein?«

»Bestimmt der, dem er die größte Schuld erlassen hat«, antwortete Simon.

»Du hast Recht!«, bestätigte ihm Jesus. Dann blickte er die Frau an und sagte: »Sieh diese Frau, Simon! Ich kam in dein Haus, und du hast mir kein Wasser für meine Füße gegeben, was doch sonst selbstverständlich ist. Aber sie hat meine Füße mit ihren Tränen gewaschen und mit ihrem Haar getrocknet. Du hast mich nicht mit einem Bruderkuss begrüßt. Aber diese Frau hat immer wieder meine Füße geküsst. Du hast meine Stirn nicht mit Öl gesalbt, während sie dieses kostbare Öl sogar über meine Füße gegossen hat. Ich sage dir: Ihre große Schuld ist ihr vergeben; sonst hätte sie mir nicht so viel Liebe zeigen können. Wem wenig vergeben wird, der liebt auch wenig.«

Zu der Frau sagte Jesus: »Deine Sünden sind dir vergeben.«

Da tuschelten die anderen Gäste untereinander: »Was ist das nur für ein Mensch! Kann der denn Sünden vergeben?«

Doch Jesus sagte noch einmal zu der Frau: »Dein Glaube hat dich gerettet! Geh in Frieden.«

◆ *Was hat Jesus getan?*

Warum ist es für viele so schwierig, mit Dankbarkeit umzugehen?

Tipp des Tages

Überleg dir, für welche Dinge in deinem Leben du dankbar bist. Sag Jesus heute jedes Mal »Danke« für diese Dinge, wenn sie dir in den Sinn kommen.

Wie war es heute? Bitte schreib deine Erfahrungen hier auf!

- ***Hast du heute häufig an Jesus gedacht? Wenn ja, wann? Wenn nein, warum nicht?***

- ***Ist dir heute etwas an dir selbst aufgefallen?***

- ***Was willst du Jesus nach dem heutigen Tag sagen? Herr Jesus, ...***

- ***Was würde Jesus nach dem heutigen Tag zu dir sagen wollen? Liebe/r ...,***

29. Tag

Wann?

Mein Vater hat Knochenkrebs. Das ist eine der schrecklichsten Krankheiten, die es gibt. Es ist für mich und meine Familie entsetzlich zusehen zu müssen, wie er langsam stirbt. Ich weiß, dass es Gott gibt, und ich weiß auch, dass er uns liebt. Aber warum lässt er zu, dass es solche Krankheiten gibt? Ich versuche das zu begreifen. Ich versuche, für meinen Vater und für meine Mutter stark zu sein, aber mein Glaube hält diesem Druck langsam nicht mehr stand. Wann sind das ganze Leid und die Schmerzen endlich vorbei?

Meine Freunde versuchen mir zu helfen, Krankheit und Tod zu verstehen. Sie zeigen mir Verse in der Bibel und beten für mich. Ich bin dankbar für ihre Hilfe, aber ich frage mich, was Jesus tun würde, wenn er hier wäre.

◆ *Wo ist Jesus?*

Schnell! *Offenbarung 21,1-7*

Dann sah ich eine neue Welt, den neuen Himmel und die neue Erde. Denn der vorige Himmel und die vorige Erde waren vergangen, und auch das Meer war nicht mehr da.

Ich sah, wie die Stadt Gottes, das neue Jerusalem, von Gott aus dem Himmel herabkam: festlich geschmückt wie eine Braut an ihrem Hochzeitstag.

Eine gewaltige Stimme hörte ich vom Thron her rufen: »Hier wird Gott mitten unter den Menschen sein! Er wird bei ihnen wohnen, und sie werden sein Volk sein. Ja, von nun an wird Gott selbst als ihr Herr in ihrer Mitte leben. Er wird alle ihre Tränen trocknen, und der Tod wird keine Macht mehr haben. Leid, Angst und Schmerzen wird es nie wieder geben; denn was einmal war, ist für immer vorbei.«

Der auf dem Thron saß, sagte: »Siehe, alles werde ich jetzt neu schaffen!« Und mich forderte er auf: »Schreibe auf, was ich dir sage, alles ist zuverlässig und wahr.«

Und weiter sagte er: »Alles ist in Erfüllung gegangen. Von A bis Z steht alles in meiner Macht. Ich bin der Anfang und ich bin das Ziel. Allen Durstigen werde ich Wasser aus der Quelle des Lebens schenken. Wer durchhält bis zum Sieg, wird dies alles besitzen. Ich werde sein Gott sein, und er wird mein Sohn sein.«

◆ *Was wird Jesus tun?*

Christen glauben, dass es einmal kein Leid und keine Schmerzen mehr geben wird. Aber was ist heute? Zeigt sich Jesus auch heute in unserem Leid?

Tipp des Tages

Schreib spontan eine Antwort auf die Frage auf: Warum lässt Gott Leiden zu?

Wie war es heute? Bitte schreib deine Erfahrungen hier auf!

- ***Hast du heute häufig an Jesus gedacht? Wenn ja, wann? Wenn nein, warum nicht?***

- ***Ist dir heute etwas an dir selbst aufgefallen?***

- ***Was willst du Jesus nach dem heutigen Tag sagen? Herr Jesus, ...***

- ***Was würde Jesus nach dem heutigen Tag zu dir sagen wollen? Liebe/r ...,***

W W J D

30. Tag

Das Leben ist schwierig, aber es lohnt sich

Es ist ganz schön schwierig, als Christ zu leben. Jeden Tag gibt es Situationen, in denen ich meinen Glauben am liebsten an den Nagel hängen würde. Es gibt so viele Probleme. Konflikte, Drogen, Alkohol, Sex – alles Dinge, über die man leicht stolpern kann. Es ist schwierig, sich auf Gott zu konzentrieren, während die Freunde ein leichteres und scheinbar auch schöneres Leben führen können. Zwar versuche ich, meine Freunde davon zu überzeugen, dass es Wichtigeres im Leben gibt und dass sie eines Tages bereuen werden, was sie jetzt tun. Aber sie lachen mich nur aus. Ich fühle mich manchmal wie auf verlorenem Posten. Wie soll das weitergehen?

◆ ***Was würde Jesus sagen?***

Rudern ist anstrengend, aber es lohnt sich *Matthäus 14,22-32*

Danach befahl Jesus seinen Jüngern, in das Boot zu steigen und an das andere Ufer des Sees vorauszufahren. Er blieb zurück, um die Leute zu verabschieden. Dann ging er allein auf einen Berg, um zu beten.

Es wurde Nacht. Draußen auf dem See gerieten seine Jünger in Not. Ein Sturm war losgebrochen, und sie hatten große Mühe, das Boot vor dem Kentern zu bewahren.

Gegen vier Uhr morgens kam Jesus auf dem Wasser zu ihnen. Als sie ihn sahen, schrien die Jünger vor Entsetzen, weil sie dachten, es sei ein Gespenst. Aber Jesus sprach sie sofort an: »Ich bin es doch! Habt keine Angst!«

Da rief Petrus: »Herr, wenn du es wirklich bist, lass mich auf dem Wasser zu dir kommen.«

»Komm her!«, antwortete Jesus.

Petrus stieg aus dem Boot und ging Jesus auf dem Wasser entgegen. Als er aber die hohen Wellen sah, erschrak Petrus, und im selben Augenblick begann er zu sinken. »Herr, hilf mir!«, schrie er.

Jesus streckte ihm die Hand entgegen, ergriff ihn und sagte: »Hast du so wenig Glauben, Petrus? Vertraue mir doch!«

Nachdem beide das Boot bestiegen hatten, legte sich der Sturm.

◆ *Was hat Jesus damals für die Jünger getan?*

Dies ist der letzte Tag deines 30-Tage-Abenteuers mit Jesus. Hat sich etwas in deiner Beziehung zu Jesus verändert? Hast du öfter als sonst gemerkt, dass er da ist? Was hat Jesus verändert?

Tipp des Tages

Schreib ein persönliches Dankeschön für die letzten dreißig Tage an Jesus.

Wie war es heute? Bitte schreib deine Erfahrungen hier auf!

- ***Hast du heute häufig an Jesus gedacht? Wenn ja, wann? Wenn nein, warum nicht?***

- ***Ist dir heute etwas an dir selbst aufgefallen?***

- ***Was willst du Jesus nach dem heutigen Tag sagen? Herr Jesus, ...***

- ***Was würde Jesus nach dem heutigen Tag zu dir sagen wollen? Liebe/r ...,***

So war's!

Das Ende meines 30-Tage-Experiments

Schreib Jesus einen Brief, in dem du ihm genau erzählst, was du während der letzten dreißig Tage erlebt hast. Dies ist mehr als ein Dank – es ist ein Brief an deinen Freund Jesus, dem du alles sagen kannst, was während des letzten Monats geschehen ist.

Lieber Jesus,

dieser letzte Monat war ganz schön aufregend ...